—————— 丛书编委会 ——————

主　编　吴晓波

顾　问　范国良　韦　巍　朱学军

主　任　陆　芸　王枕旦　赵　阳

副主任　冯　雷　毛建军　宋了了　孙福轩
　　　　王　强　卫军英　谢文武　郑健壮

成　员　顾杨丽　季　靖　江根源　莫国平
　　　　潘菊明　王　艳　张　虹

数据时代看云栖

特色小镇的崛起

陈　麟　方昕宇　著

ZHEJIANG UNIVERSITY PRESS
浙江大学出版社

图书在版编目（CIP）数据

　　数据时代看云栖 ： 特色小镇的崛起 / 陈麟，方昕宇
著. — 杭州：浙江大学出版社，2021.4
　　ISBN 978-7-308-21136-9

　　Ⅰ．①数… Ⅱ．①陈… ②方… Ⅲ．①小城镇—城市
建设—研究—杭州 Ⅳ．①F299.275.51

　　中国版本图书馆CIP数据核字(2021)第039090号

数据时代看云栖——特色小镇的崛起

陈　麟　方昕宇　著

丛书策划	马一萍
责任编辑	马一萍
责任校对	陈逸行
装帧设计	周　灵
出版发行	浙江大学出版社
	（杭州市天目山路148号　　邮政编码　310007）
	（网址：http://www.zjupress.com）
排　　版	杭州林智广告有限公司
印　　刷	杭州高腾印务有限公司
开　　本	710mm×1000mm　1/16
印　　张	13
字　　数	191千
版 印 次	2021年4月第1版　2021年4月第1次印刷
书　　号	ISBN 978-7-308-21136-9
定　　价	60.00元

序

　　改革开放以来，有两种力量一直在推动中国区域经济发展。一是以市场力量为主的发展模式，即按照"个体—块状经济—产业集群"的演化脉络；二是以行政力量为主的发展模式，即按照"开发区—高新技术开发区"的发展脉络。它们时而冲突，时而合作，更多的是纠缠不休，个中滋味是"爱恨情仇"，不离不弃。不管是产业集群还是开发区，它们都已成为各级政府推动产业发展的主要工具和空间载体。它们通过相关企业（产业）的集聚，形成规模经济和范围经济，提高了产业竞争力。但随着我国经济进入"新常态"，两种发展路径均面临新的挑战：产业集群的低端化以及开发区的同质化、空壳化等。而特色小镇作为一种产业与区域有机结合并互动发展的新模式，正以新理念、新机制、新载体、新模式重新塑造"产业富有特色，文化独具韵味，生态充满魅力"的经济发展新形态。

　　"十三五"时期是浙江省强化创新驱动、完成新旧发展动力转换的关键期，是优化经济结构、全面提升产业竞争力的关键期，是加强制度供给、实现治理体系和治理能力现代化的关键期，既面临重大战略机遇，也面临诸多严峻挑战。在这样的背景下，利用块状经济、山水资源、历史人文和信息经济等独特优势，率先创建一批特色小镇，这不仅符合经济社会发展规律，更有利于破解经济结构升级和动力转换的现实难题，是浙江适应和引领经济新常态的重大战略选择。2014年10月，时任浙江省省长李强在参观云栖小镇时首次提出"特色小镇"概念。2015年9月，时任中央财办主任、国家发展改革委副主任刘鹤一行深入调研了浙江特色小镇建设情况。刘鹤表示，浙江特色小镇建设是在经济发展新常态下对发展模式的有益探索，这是"敢为人先、特别能创业"精神的又一次体现。2015年12月底，习近平总书记对浙江省"特色小镇"建设做出重要批示，指出特色小镇、小城镇建设大有可为，对经济转型升级、新型城镇化建设，都具有重要意义，浙江着眼供给侧培育小镇经济的思路，对做好新常态下的经济工作也有启发。

2015年浙江全面提出建设特色小镇以来，作为产业转型升级的"浙江样本"，近两年来已在浙江和全国其他地方蓬勃发展。有别于传统的经济发展平台——开发区，特色小镇不仅突破了传统地理行政界限，既可落户乡村也可以布局城市，更具有"小空间大集聚、小平台大产业、小载体大创新"的新优势，破解了开发区普遍存在的产业特色不明、土地资源匮乏、体制机制僵化和发展后劲不足等问题。因此，建设具有产业支撑的绿色生态、美丽宜居的特色小镇，对于培育高新产业、激活历史经典产业、搭建创新创业平台等方面有着重要的引领作用。经过几年的实践，由浙江走向全国的特色小镇建设已成燎原之势，文化小镇、旅游小镇、科技小镇、工业小镇、商业小镇、金融小镇等形态纷纷呈现，中国的特色小镇建设已经进入了快速期，特色小镇规划和建设热火朝天。但放眼全国，目前特色小镇的成功案例并不太多，存在着一哄而上、新瓶装旧酒和简单复制等问题。即使是被当作标杆的浙江省，仍有许多问题亟待探索、总结和研究。如：在产业定位上如何做到"特而强"，功能叠加上如何做到"聚而合"，建设形态上如何做到"精而美"，供给制度上如何做到"活而新"等，这些问题均事关特色小镇的可持续发展。

浙大城市学院自1999年建校以来，利用名校名城合作办学的体制机制优势，主动融入地方经济发展大战略，努力推进地方传统产业转型升级，积极培育区域经济社会发展的急需人才，已取得良好的经济和社会效益。近年来，学校积极打造"以聚焦区域和城市发展为方向、以前沿理论研究为引领、以为政府咨政和地方服务为目标、以人才资源整合为手段、以培养专业人才为支撑"的新型高校智库，先后与杭州市人民政府合作成立了"杭州公共管理研究中心""杭州市区域经济研究基地"和

"杭州市创意旅游中心"等研究机构。2017年，为加强对特色小镇建设的研究，浙大城市学院专门成立了"特色小镇可持续发展研究院"，积极组织专家学者聚焦特色小镇研究。通过剖析典型案例，总结经验教训，形成系列研究成果，以更好更及时地服务社会。为此，"浙大城市学院科研部"和"特色小镇可持续发展研究院"联合组织相关学科骨干教师和研究人员，在深入调研和理论分析的基础上，撰写并出版了这套浙江省"特色小镇"主题丛书"特色小镇建设之路——浙江的探索与实践"。

这套丛书旨在总结、提炼浙江特色小镇建设的成功经验，为浙江乃至全国的特色小镇研究者和政府政策制定者提供有益的借鉴和启示。同时，亦对浙江特色小镇建设中存在的问题进行了剖析，期许后来的建设者少走弯路。

作为本丛书的主编，我惊喜地看到，在短短的一年时间里，这套丛书实现了从策划到实施、成果发表，更高兴的是看到，以中青年骨干为主的丛书编著者们"沉得下去、拔得上来"，在良好的前期积累基础上，不惜工本、心无旁骛，舍得密集投入大量心血到这一非常有意义的工作中。作为阶段性的成果，此次有三本著作付梓成书。这是一个很好的开端，后续还会有更多的研究成果陆续成书，以飨读者。真切地希望这套丛书的出版能为我国特色小镇的建设和健康可持续发展提供重要的智力支持，也期待着浙大城市学院的学者们在这一领域中取得更多更好的成果。

吴晓波[*]

于紫金港

吴晓波教授系浙江大学社会科学学部主任、浙江大学管理学院原院长、浙大城市学院商学院原院长、"特色小镇可持续发展研究院"首席专家。

前　言

　　2016年2月，国务院发布的《关于深入推进新型城镇化建设的若干意见》指出，"因地制宜、突出特色、创新机制，充分发挥市场主体作用，推动小城镇发展与疏解大城市中心城区功能相结合、与特色产业发展相结合、与服务'三农'相结合。发展具有特色优势的休闲旅游、商贸物流、信息产业、先进制造、民俗文化传承、科技教育等魅力小镇"。改革开放40多年以来，浙江经过不懈努力，大力发展了一批块状经济和区域特色产业。但是近年来，世界经济面临着低增长甚至停滞的境况，生产率增长速度放缓。特色小镇正是在原有路径增长乏力的情况下，成为浙江省经济转型发展的一大重要战略选择。特色小镇的培育和发展讲究因地制宜，浙江从自身实际情况出发，在对瑞士达沃斯小镇、美国格林威治对冲基金小镇、法国格拉斯香水小镇等西方小镇研究的基础上，借鉴吸收其经验，探索出一条符合国家新型城镇化发展要求和浙江产城融合相结合的道路。时任浙江省省长李强阐述"小镇经济"之于浙江的意义：是破解浙江空间资源瓶颈的重要抓手，破解浙江有效供给不足的重要抓手，破解浙江高端要素聚合度不够的重要抓手和破解浙江城乡二元结构、改善人居环境的重要抓手。

　　"互联网+"作为一种创新的经济发展形态，在新时代更是迸发出了新的活力。"互联网+"的出现意味着任何传统行业或服务都可以被互联网改变，并产生新的格局。"互联网+"是把互联网的创新成果与经济社会各领域深度融合，推动技术进步、效率提升和组织变革，提升实体经济创新力和生产力，形成更广泛的以互联网为基础设施和创新要素的经济社会发展新形态。浙江省委、省政府深入贯彻落实中央的加快实施创新驱动发展战略和"互联网+"行动计划，大力发展互联网等战略性新兴产业，持续推进两化融合，以数据为驱动，积极培育新产品、新技术、新模式和新业态，加快聚集杭州产业发展新动能。浙江省正以全球化的视野、前瞻性的意识、互联网的思维、拥抱大数据的胸怀，把信息经济发展上升到实现经济转型升级和可持续发展的战略高度，率先发展、大力发展，全面激发创新动力、创造潜力和创业活力。

作为信息革命在经济领域的伟大成果的信息经济，通过产业信息化和信息产业化两个相互联系和彼此促进的途径不断发展起来。1996—2013年中国信息经济增速15%，而同期GDP增速9.6%，信息经济成为越来越重要的经济增长引擎[①]。信息经济，是以现代信息技术等高科技为物质基础，信息产业起主导作用的，基于信息、知识、智力的一种新型经济。这种信息经济的发展，不仅不会否定农业经济、工业经济、服务经济的存在，相反会促进这三种经济通过信息化后大为提质，并最终导致不可触摸的信息型经济取代可以触摸的物质型经济而在整个经济中居于主导地位。在杭州，信息经济对GDP的贡献更加明显。从信息经济增加值来看，其增幅在2014年和2015年上半年均为同期GDP增幅的两倍以上。2016年上半年，信息经济增加值拉动GDP增长3.4个百分点，成为上半年全市GDP高增长的重要支撑力量[②]。此外，杭州经济结构的改变以及产业未来的重塑都受到与实体经济广泛融合的信息经济的影响，而且其力度和深度是空前的。抓信息经济就是抓实体经济的提升发展。杭州市为了加快经济转型升级，更好地实现生态美、生产美、生活美的目标，把信息经济和智慧应用作为"一号工程"推进是必然选择。

互联网的兴起以及由此而来的网民的急剧增长，带来了用户访问量的激增、数据量的膨胀和系统复杂性的空前提高。信息经济的崛起是一

---

① 《云计算驱动第四次创新创业潮》，http://www.Techweb.com.cn。
② 《中国云"袭来"世界波》，http://www.zjrb.zjol.com.cn。

个稍纵即逝的时间窗口，想要成为产业的赶超者甚至领跑者，就需要有敏锐的眼光并且善于抓住机遇。以阿里云为代表的互联网企业依托自身优势抢先发展信息经济，率先在云计算技术上寻求突破，实现自我的创新转型并创造了约120万人的就业机会，近六成为首次创业。可见，在全国乃至全世界范围内，以"互联网+创客"为代表的第四次创新创业浪潮正席卷而来。

"互联网+"对七大传统产业的积极影响已日渐渗透，而从中我们也可以清晰地看到云计算、大数据对产业转型的有效支撑，它们就像水电一样，正成为第三次IT革命的基础性设施。目前，全球业内公认有2.5朵云，亚马逊、阿里各领一朵，谷歌为半朵。在这场对信息经济发展最新制高点的争夺中，杭州已经具备一定先发优势——树立全球云计算中心形象，必将进一步推动浙江和杭州成为"大众创业、万众创新"的标杆省份和城市，打造具有全球影响力的"互联网+"创新创业中心。

如今，互联网创新发展是时代的大趋势，杭州正走在互联网领域的前端，它也是全国5个云计算服务创新发展试点示范城市之一，而云栖小镇，正是这座城市发展云计算产业的排头兵。作为一个云计算产业生态聚集地，云栖小镇运用大数据的计算将简单数据变成生产要素，小镇所构建的"共生、共荣、共享"生态体系，主要得益于围绕云计算产业的特点。云栖大会的辐射范围是全国性的，影响力是世界性的。云栖大会是一次政企共建国际性活动的积极探索和尝试，大会由阿里巴巴集团主导，同时政府叠加资源，通过双方的共同努力，在未来，云栖大会将被打造成为云计算领域创业创新的世界级行业盛会，而"云栖小镇"也将成为云计算等高端信息人才向往的"圣地"。

政府腾笼换鸟、转型升级的决心以及对绿水青山的重视，都可以从每一次的定位变化中得到突显，而这一定位变化就是：从传统工业转型升级成科技经济，再到智慧经济。得大数据者得天下，通过强大的云计算技术，能让信息数据"思考"，实现信息资源的开发利用。囊括创新、科技、人文、生态等各个要素的云栖小镇，正在以崭新的姿态引领一个开创美好未来的时代潮流，中国首个富有科技人文特色的云计算产业生态小镇终将会给中国经济带来前所未有的变化和发展。让杭州多一个美丽小镇、天上多一朵美丽的"彩云"——云起，云栖！

目 录

第一章　云栖小镇的发展背景

在信息时代，唯一不变的就是变。转型之"转"是变，升级之"升"也是变。正是在日新月异的"变"的浪潮之中，中国经济才走出了日益发展的步伐。"中国的成功转型对于整个世界来说都意义深刻。"这是美国著名学者托马斯·弗里德曼对于中国在信息经济领域发展成果的一种肯定。云栖小镇一年一度的云栖大会，聚集了来自世界上几十个国家的上千名科学家、企业家，以及超过6万名对技术充满热情的从业者和爱好者，一举成为全球规模最大的云计算技术分享盛会。2019年是云栖大会举办的第十年，云栖大会的十年，见证了中国数字经济的大发展，更成为数字经济未来的风向标。风云际会，逐梦创新，云栖小镇的创新火苗正从一个普通的郊区小镇开始，熊熊燃烧在杭州这片创新的沃土上，即将深刻影响未来世界科技格局。

第一节　云栖小镇的发展历史

"五云山上五云祥，云栖坞里云栖晾。云栖竹径生天雨，天雨淅沥落云栖。"诗句描绘的正是西湖新十景之一的云栖竹径。而如今，云径深处正在孕育催生着新的产业和城市生态，"云栖小镇"也广为人知。

一、创新发展的"沃土"

杭州市转塘科技经济园区地处之江核心区块，与阿里巴巴集团所在的杭州国家高新技术开发区（滨江）隔江相望，2010年被认定为杭州信息产业国家高技术产业基地拓展区，间接具备了发展战略新兴产业的基因。园区规划用地3.5平方公里，已投入使用20万平方米产业空间，预计3年内会有100万平方米以上的楼宇逐步用于产业发展。园区内现有涉云企业321多家[1]，包括阿里云、华通云、威锋网、云商基金等。

云栖小镇是特色小镇的雏形和模板，今日的成绩并非一蹴而就。从农业乡镇到工业园区，从高新企业办公区到全球云计算产业高地，云栖小镇的每一次成功转型，都凝聚着一个时代对经济发展的探索和尝试。可以说，云栖小镇在中国特色小镇建设史上是具有开创性的典范。

云栖小镇所在的转塘街道，唐代崔国辅有诗提及："路绕定山转，塘连范浦横。"位于浙江省杭州市西湖区西南部、富春江西岸，面积43平方公里，人口4万。据清《定乡小识》载，转塘唐时濒江，筑有江塘，地名当与江塘有关。1990年，生态农业曾让小镇第一次名扬四方，该镇所辖浮山村因其生态农业模式被联合国誉为"亚太生态第一村"。

凭借生态农业带来的名誉和人气，转塘镇农工贸一体化企业迅速发展。1991年，转塘"八五"规划中提出沿公路10公里两侧开发工业商业街。1992年，"市管会"在转塘建设之江国家旅游度假区。1995年，转塘镇组建了浮山集团公司、汽车板簧厂等10余家企业。1998年，先后获得省绿色小城镇、省经济百强乡镇、市小康镇等荣誉称号。2002年，基于浮山乡镇企业的发展，在距离杭州市中心12公里处，建立了转塘工业园[2]。而这里，正是云栖小镇的前身。

转塘工业园成立之初，主要面向服装厂、箱包厂、磨具厂等制造型企业，园区建筑虽然脱离了生产厂房的基础式样，但依然呈现出低、小、散的集聚形态，只是个名不见经传的城乡接合部工业园。2005年，园区做出了重要的定位改变，即主导发展以生物医药、电子信息、机电一体化、新能源等为主的高科技产业和企业总部型产业。这一定位改变的背后，体现的是园区加快建设步伐的目标和决心。面对2008年全球金融危

---

[1] 《西湖区：信息经济百花齐放满园春色》，http://jjsb.cet.com.cn/show_479215.html。

[2] http://tsxz.zjol.com.cn/system/2016/10/25/021343166.shtml。

机对浙商的猛烈冲击，西湖区提出，发展现代企业总部基地和高科技产业基地。西湖区成立转塘科技经济园区管委会，清退了转塘工业园30余家企业，在工业园区基础上，重点发展电子信息、生物医疗、机电一体化、环保与精细化工等高新技术产业及相应的企业总部产业。在现在看来，发展这些项目已经无所谓创新突破，但是在当时，发展这些项目无疑是有超前眼光的。2008年至2010年，转塘科技经济园区累计引进区外资金13.44亿元，注册企业45家，累计实现工业销售产值16.4亿元，累计完成工业性投资17.68亿元，财政总收入突破亿元大关。[①]

为了加快经济的转型升级以及对绿水青山的重视，政府对园区的规划不断深入，"传统工业转型升级成科技经济，再到智慧经济"。从产业上看，这是由第一产业到第三产业的战略转变，但实质上这也是对生产、生活、生态三者的有机融合。2012年10月，园区决定了未来发展的主打方向——云产业。2012年12月24日，西湖区政府出台了《关于促进杭州云计算产业园发展的政策扶持意见（试行）》，要在转塘科技园的基础上建立一个市级云计算产业园，即"杭州云计算产业园"。[②]《意见》中明确提出要对新注册的涉云企业提供大力度的资金扶持。

2013年10月，阿里云计算公司与西湖区合作共建阿里云计算创业创新基地，阿里云与华通数据中心联合开发的"飞天5K"数据机房落户转塘科技经济园区。同年，首届阿里云开发者大会召开，其间由阿里云、中软国际、短趣、博客园等30多家企业发起成立了全国首个云产业生态联盟——云栖小镇联盟。联盟采用轮值召集人形式为企业提供会员制服务，集会地点常常就在转塘科技经济园区。渐渐地，"云栖小镇"也由最初的组织称号，变成了转塘科技经济园区的代名词。

伴随云计算产业在园区的发展壮大，先期入驻的制造类科技企业或退出或转型，转塘科技经济园区升级成为云计算产业的专业园区。2014

---

① 张雪：《云栖小镇：从郊区小镇到全球焦点的嬗变》，http://bbs.caup.net。
② 周象、郑少曼：《云起杭州千里天》，http://zjrb.zjol.com.cn/html/2015-12/15/content_2933775.htm?div=-1。

年，西湖区委八届六次全体（扩大）会上，提出西湖区要打造"智慧产业新兴区"。目标是通过3～5年的发展，集聚上千家涉云企业，涵盖云计算应用，如APP开发、游戏、互联网金融、移动互联网、数据挖掘等领域，形成完整的云计算产业链条，实现产值100亿元，税收5亿元以上。2014年8月，浙江省省长李强视察时高度认可云栖小镇的产业发展思路。

2014年10月30日，时任省长李强在参加乌镇世界互联网大会时，明确提出了浙江省将会构建若干特色小镇以"打造更有激情的'创业生态系统'"的构想："我们正在打造一大批有浙江特色的创业平台，如余杭区的'互联网创业小镇'和'天使投资小镇'、西湖区的'云计算产业小镇'、上城区的'基金小镇'等，目的就是让更多的创业人才集聚浙江，让支持创业创新的资本资源集聚浙江。鼓励支持更多的70后、80后甚至90后，和所有有创业梦想的人到浙江创业发展。"①

2015年1月21日，时任省长李强在浙江省第十二届人民代表大会第三次会议上所做的政府工作报告中，就产业的转型升级和战略布局的意义提出："加快规划建设一批特色小镇。按照企业主体、资源整合、项目组合、产业融合原则，在全省建设一批聚焦七大产业、兼顾历史经典产业、具有独特文化内涵和旅游功能的特色小镇，以新理念、新机制、新载体推进产业集聚、产业创新和产业升级。积极推进各类开发区整合优化提升。"②特色小镇吸引了浙江省各个方面的广泛关注，各地都蓄势待发准备打造符合自身特点的特色小镇。同年5月4日，浙江省政府发布《关于加快特色小镇规划建设的指导意见》，计划培养100个左右的特色小镇，并明确了特色小镇构建的总体要求、创建程序、政策措施和组织领导。当年6月4日，第一批浙江省省级特色小镇名单正式公布，共有37个小镇入围创建名单，特色小镇进入了全面实施阶段。

---

① 《省长李强出席首届世界互联网大会新闻发布会讲话实录》，http://zjnews.zjol.com.cn/system/2014/10/30/020333057.shtml。
② 《2015年浙江省政府工作报告》，http://zjnews.zjol.com.cn/system/2015/01/20/020472702.shtml。

2015年6月，云栖小镇入选第一批浙江省特色小镇创建名单，范围从转塘科技经济园区的2.27平方公里，扩大为3.5平方公里，管理机构仍然为转塘科技经济园区管委会。6月24日，省长李强主持了全省特色小镇规划建设工作现场推进会，提出特色小镇建设最重要的就是要有"特色"："用改革创新，推进特色小镇建设。明确特色小镇规划建设的目标和主要任务：注重小镇特色，形成亮点，杜绝同质化，注重产业特色。"[①]同期，西湖区人民政府办公室发布了《关于加快推进云栖小镇建设的政策意见（试行）》，对鼓励企业落户、鼓励企业发展（追加投资奖励、云服务补助、金融投资奖励）、鼓励人才引进、鼓励企业创新、鼓励企业贡献、鼓励配套服务做出明确说明。

另外，在云栖小镇里，西湖区还计划建一个面积约5000平方米的IT信息产业历史博物馆，展示以云计算为特色的互联网产业的发展历程；同时，跟阿里云公司合作，园区里还成立了一个阿里云技术学院（云栖学院），为园区企业提供云计算方面的技术培训，进行学习交流等。

至此，特色小镇从杭州的云栖小镇开始，以星火燎原之势演变为一场席卷全国的"造镇运动"，那星星之火就是作为高科技产业代表、创业创新典范的云栖小镇。

二、云栖小镇的历史变革

云栖小镇地处杭州西湖区南部，位于全国12个国家级旅游度假区之一的杭州之江国家旅游度假区核心区块，是浙江省首批创建的10个示范特色产业小镇之一。云栖小镇四周环山，背靠之江，依傍中国美术学院象山校区。走进小镇如同置身西欧现代田园小镇，这里山水风光和现代化产业和谐地融为一体。小镇内规整的道路、先进的通信设施让人眼前一亮。远处山边是云栖会展中心，竹绿色的外立面显现出小镇的环保和生态理念，整个建筑外形酷似北京的"水立方"。这里曾举办过飞天奖颁奖庆典和2015年的云栖大会。

---

① 《李强省长的"特色小镇"，怎么来？如何建？》，http://zjnews.zjol.com.cn/system/2015/01/28/020485903.shtml。

2002年8月，经杭州市政府批复之后，园区的定位是传统工业园区。

2005年，园区再次改变定位，主导发展高科技产业和企业总部型产业，这些产业以生物医药、电子信息、机电一体化、新能源等为主。

2011年10月，浙江省首个云计算产业园——杭州云计算产业园在西湖区转塘科技经济园区挂牌。

时隔一年，2012年10月，园区再次调整发展思路，决定未来发展主打方向是"云产业"。小镇负责人表示，从产业上看是一产到三产的转变，是生产、生活、生态的融合发展。[①]

2013年10月，阿里巴巴云公司和转塘科技经济园区合作共建阿里云创业创新基地。西湖区计划依托这两大平台，把杭州转塘科技经济园区打造成一个以云生态为主导的产业小镇——云栖小镇。10月24日，第三届阿里云开发者大会在云栖小镇召开，并将云栖小镇作为永久的会址。这次阿里云开发者大会的主题是"云计算的蝴蝶效应"，其目的是展示云计算商用化后对各行业业务创新及发展模式带来的变化，移动互联网应用、游戏、金融、开发者服务、云OS这五个分会场更是成为技术和思想碰撞的大舞台。24日晚，产业园的33家小镇初创成员共聚一堂，宣布成立"云栖小镇联盟"，并提出了未来的发展理念："基于阿里云平台，集聚在云上创业创新的企业和团队，在园区创建云计算产业生态，以'创新、科技、人文、生态'为主题，以'政府主导、名企引领'的创新模式，率先打造中国首个富有科技人文特色的云计算产业生态小镇——云栖小镇，承接云计算大数据产业在西湖区的落地和发展，推动信息经济、智慧经济发展。"[②]"云栖小镇联盟"可以看作是"云栖特色小镇"的前身，其发展理念也对后续的特色小镇发展方向和理念有所启发。

2014年10月的阿里云开发者大会，议题涉及智慧城市、移动应用开

---

① 包勇、高静玮、郑少曼：《2016杭州·云栖大会拉开帷幕》，《浙江日报》，2016年10月13日。

② 郑希均：《云栖！云起！》，http://zjrb.zjol.com.cn/html/2015-02/05/content_2849447.htm?div=-1。

发、物联网等热门领域，既吸引了施耐德、飞利浦这样的跨国公司参加，也吸引了设计出"愤怒的小鸟"的Rovio这样的海外知名企业参与，有超过14000人次参与了大会，逾300家境内外专业媒体对大会进行全程跟踪与深入报道。云栖小镇的名声享誉海内外。10月17日，时任浙江省省长李强参观完"云栖小镇"的梦想大道后不禁发出感慨："省有关部门和杭州要积极支持'云栖小镇'建设，让杭州多一个美丽的特色小镇，天上多飘几朵创新'彩云'。"①这是浙江首次明确提出特色小镇概念。

2016年，小镇已累计引进各类企业433家，包括阿里云、富士康科技、因特尔、中航工业、银杏谷资本、华通云数据、数梦工场、洛可可设计集团等，其中涉云企业有321家。产业覆盖各个领域，例如大数据、App开发、游戏、互联网金融、移动互联网等，较为完善的云计算产业生态已初步形成。

2016年1—8月份，小镇实现财政总收入2.45亿元，同比增长108.18%。②小镇所构建的"创新牧场—产业黑土—科技蓝天"的创新生态圈是伴随着云计算产业集聚效应产生而来的。小镇紧紧围绕创新创业，极大地推动了产业的创新发展。其中，作为草根创业者舞台的"创新牧场"，整合了世界一流的基础服务，包括设计、研发、制造、检测、电商、融资等。这一"创新牧场"，专注于扶持和帮助创业创新的中小企业成长，并通过全新的服务体系，让云栖小镇真正成为"大众创业、万众创新"的沃土。

例如，创新牧场平台上扶持中小微智能硬件企业和创业者的重点项目——"淘富成真"，是由阿里云、富士康、银杏谷等龙头企业共同在云栖小镇发起的，具有强大的整合能力，将阿里云的云服务能力和富士康的工业4.0智造能力，整合成为独一无二的基础设施平台，而这一平台主要提供互联网创业创新服务。

---

① 杨莹晖：《创业且创新，小镇大梦想》，http://biz.zjol.com.cn/2015zt/tsxz/。
② 包勇：《321家涉及企业在此集聚在做什么？》，http://zjol.com.cn。

第二节　云栖小镇的发展契机

创新的含义是"除旧立新",只有破除束缚发展的一切旧思想、旧习惯,才能够创造新事物、新世界。这样看来,创新是一种革命性的行动。那么,谈及创新,我们要弄清楚的问题是:如何突破束缚我们发展的旧事物、旧思想。因此,我们首先要分析梳理浙江创新发展所面对的现实境况。

一、产业结构的转型是浙江创新发展的现实基础

浙江省统计局所发布的统计数字:2014年,浙江省全年GDP为40154亿元。其中,第一产业增加值1779亿元,第二产业增加值19153亿元,第三产业增加值19222亿元。产业增加值结构由上年的4.7:47.8:47.5调整为4.4:47.7:47.9。从这些数字中可以看到最为突出的一点是,第三产业所占比重首次超越了第二产业。

2015年,浙江省全年GDP为42886亿元,比2014年增长了8%。其中,第一产业增加值1833亿元,第二产业增加值19707亿元,第三产业增加值21347亿元,分别增长1.5%、5.4%和11.3%。第三产业对经济增长的促进程度进一步扩大,对GDP的增长贡献率为65.7%。信息经济和现代服务业等核心产业的引领支撑作用进一步凸显,全年信息经济核心产业增加值3310亿元,增长15.1%,占GDP的7.7%,比重比2014年提高了0.6个百分点。

2016年,浙江省全年GDP为46485亿元,比2015年增长了7.5%,增速远远高于全国(6.7%)。第一产业增加值1966亿元,第二产业增加值20518亿元,第三产业增加值24001亿元。第三产业已占到GDP总量的51.6%,对GDP的增长贡献率更是高达62.9%。规模以上服务业企业(不含批零住餐、银证保和房地产)营业收入9237亿元,增长22.0%,高于

全国10.6个百分点，居全国第二位。[①]

从2014—2016年的数据总体来看，服务业的崛起成为这一时期浙江省经济发展的最大特点。服务业的比重不但超过了工业，而且逐渐成长为促进经济发展的主力，甚至成为GDP增长的最重要的贡献因素。这一变化说明，我国正在从工业化中期向工业化后期过渡。[②]服务业的发展是以制造业的转型升级为基础的，传统劳动密集型的制造业已经不再适合中国经济的未来发展，以"信息经济和现代服务业"为核心的制造业和服务业成为未来经济发展的方向。

浙江省曾经在发展劳动密集型产业上尝到过甜头。改革开放初期，浙江的经济基础比较薄弱。浙江省将优势资源配置在轻纺产业，取得了不错的效果：1978—1995年，浙江省的GDP年增速达到了13.8%，"仅次于广东省，与福建省并列全国第二"[③]。诚然，政府的政策供给会建构和优化区域产业结构。政府的政策倾斜恰恰适应了当时区域经济发展的生产力水平，充分利用了劳动力的价格优势，迅速促进了经济的发展。然而，传统计划经济配置资源的方式逐渐不再适应现代市场化水平较高的浙江经济现状，因为随着生产力水平的不断提高，劳动力价格的上升和资源的日益短缺，经济生产方式也亟须转变。浙江省的经济实践也告诉我们，那些"政府参与较多的产业，以及传统劳动密集型产业为主的产业结构"，愈来愈不适合浙江经济高速发展的现状，并有可能对浙江经济的未来产生不利影响。[④]浙江省产业结构的转型，为浙江的制度创新、文化创新和智慧创新提供了现实的基础。

---

① 浙江省统计局、国家统计局浙江调查总队：《2014年浙江省国民经济和社会发展统计公报》，http://www.zj.stats.gov.cn/tjgb/gmjjshfzgb/201502/t20150227_153394.html；《2015年浙江省国民经济和社会发展统计公报》，http://www.zj.stats.gov.cn/tjgb/gmjjshfzgb/201602/t20160229_169661.html；《2016年浙江经济运行稳走向好》，http://www.zj.stats.gov.cn/tjxx/tjjd/201701/t20170122_190854.html。

② 白小虎等：《"十三五"时期浙江省经济社会发展的国内外环境分析》，《经济研究参考》，2016年第8期，第68—79页。

③ 《浙江省创新政府公共政策供给研究》，www.unnenstudy.com/。

④ 卓勇良：《创新政府公共政策供给的重大举措》，《浙江社会科学》，2016年第3期，第32—36页。

二、"一带一路"和"长江经济带"是浙江创新发展的政策动力

"丝绸之路经济带"和"二十一世纪海上丝绸之路"（简称"一带一路"）体现了中国自身发展和对外合作的需求。随着中国经济的迅速发展，中国从一个进口国转变为一个出口国，不但能够出口物美价廉、品类丰富的日用品和消费品，而且可以输出中国自身创新、研发出的新技术和新设备。在贸易与对外投资、基础设施建设、能源合作、区域经济一体化以及人民币国际化等领域与沿线国家开展合作，中国积极参与到国际社会分工中去，构建开放发展的大格局，迎来一个共创和共享的新时代。

除了对外进行开放合作的"一带一路"构想之外，对内而言，党中央、国务院针对长江水道沿线所贯通的东中西部省份进行了区域经济合作布局。"长江经济带"充分利用了长江这一黄金水道的航运能力，构建了立体化的东西交通走廊，引导产业由东向西梯度转移，带动中西部地区经济繁荣，从而为中国经济的长久健康繁荣提供有力支撑。

首先，两项政策为创新发展建构了开放的环境。从沿海出发向外形成开放发展的格局并不鲜见，广东、上海等沿海省市充分利用了地理条件上的优势，最先尝到了改革开放的硕果。中西部地区的劳动力大量转移到东部的沿海城市，为城市的建设和繁荣贡献了巨大的力量。可是，这一人口迁移也使得我国东部和中西部经济发展长期处于不平衡状态。"一带一路"既重视海上航道的开发，向东出海与东南亚和南亚诸国建立合作与联系，也注重向西挺近，中亚、西亚和欧洲都在"丝绸之路"范围之内。这样一来，中国的中西部从离海遥远的"后院"，转变成为开放的枢纽，既能够向东通过漕运海运连接海上丝绸之路，也能够向西通过高铁连接陆上丝绸之路。用中国的制造业优势，弥补沿线国家工业化发展不足，让沿线国家具备发展实体经济的能力，促成全球制造业更加均衡的发展，形成了一个全方位的立体开放格局，中西部的边远省区成为

进入西亚、中亚和欧洲的门户，从"后院"到"前门"的转变必将大大激发中西部经济发展。

其次，两项政策推动了区域发展的协调与融合。我国从南北纵向的发展格局转变为东中西横向的发展格局，并且"一带一路"与"长江经济带"构成了国内与国外立体的、全面的、协同的发展整体。处于"长江经济带"的各个省份要以长江这一运输大通道为核心脉络，将城镇发展与工业布局合理安排，让生产要素和人力资源在各个省份恰当地流动。东部城市要积极利用港口加大与境外的关联与开放，充分发挥好门户的功能。中部的城市要借助东部的便利条件，积极向西部偏远地区扩展。西部城市要形成新的开放枢纽，与中、西亚和欧洲建立联系，最大限度扩展经济和文化的交流。杭州的服装、义乌的塑料品、温州的鞋帽、永康的五金……都是周边国家需求的，可以为浙江加工制造业化解大量产能。沿线地区的低消费、低人力成本，也为包括纺织、染整、绣花等劳动密集型产业跨境投资创造了条件。2016年1—7月，浙江省对孟加拉国出口纺织机械增长达63.4%，对印尼出口增长32.0%，对马来西亚出口增长2倍。[①]

最后，两项政策为创新发展提供了新的平台和机遇。联通、开放总是要建立在基础设施的互联与互通的基础之上，沿线省份与国家的工业化进程将会得到极大程度的提升。我国的高铁、公路等基础设施将会延伸到沿线国家，已经规划了亚洲公路网、泛亚铁路网，计划与东北亚、中亚、南亚及东南亚国家开通公路13条、铁路8条。此外，"油气管道、跨界桥梁、输电线路、光缆传输系统等基础设施建设"也将迅速跟上及配套。[②]无疑，这些基础设施的建设将会极大促进中国国内基础设施和装备制造业的创新与发展。据统计，"一带一路"覆盖了全球60多个国家和地区，总人口44亿，约占全球的63%；经济总量超过20万亿美元，约占

---

① 卢莎莎：《"一带一路"助推浙江纺织机械出口增长9.8%》，http://biz.zjol.com.cn。

② 王博、孙中华：《呼伦贝尔市经济发展战略融入"一带一路"的探索性思考》，《内蒙古金融研究》，2015年第10期，第87—89页。

全球的29%，对全球经济发展有着举足轻重的作用。[①]

对浙江经济来说，资源短缺、市场约束、人力成本提高等诸多问题，都要求浙江企业必须走出去。"一带一路"与"长江经济带"建设给予浙江省难得的发展契机，只有全面深化改革，才能让创新驱动发展，只有深入供给侧改革，才能更全面、更深入地开拓国内外市场，成为中国在全球化进程中的"桥头堡"。

三、新科技是推动浙江创新发展的新动力

科学技术是第一生产力，科学技术的发展直接推动了社会的进步和经济的发展，提升了人民的生活水平。以智能制造为主导的第四次工业革命已经开始席卷全球，新能源、新材料、人工智能、无人驾驶等新技术的出现已经开始改变人们的生产和生活方式。在第三次工业革命中，美国、英国等欧美国家抓住了工业革命的脉搏，成为世界的领导者，掌握了世界的话语权和解释权。[②]在第四次工业革命开始之际，"世界各国竞相在新能源、新材料、信息网络、生物医药、节能环保、低碳技术、绿色经济等重要领域加强布局"，能否把握住这次机会，必然会带来世界格局的大调整。[③]中国等新兴国家也要积极参与到第四次工业革命中去，在信息技术、生物技术、新材料技术、新能源技术等方面寻求发展和突破，不只是成为技术的使用者和模仿者，更要成为技术的创造者和开拓者。

美国经济学家丹尼森是研究国家经济增长理论的先驱。丹尼森认为，促进经济增长的因素有两大类：生产要素投入量和生产要素生产率。[④]生产要素投入量包括投入的劳动、资本（包括土地）这两项；单位投入的产出是生产要素生产率，生产要素的单位投入量包括四项内容：资源配置的改善、规模的节约、知识进展和它在生产上的作用、不规则因素（气

---

①　郭言：《"一带一路"是世界经济复苏强劲动力》，http://paper.ce.cn。

②　兰建平：《浙江省转型升级的新机遇》，《浙江日报》，2016年9月28日。

③　《浙江发展的内外环境仍是机遇期，要推进四个转型》，http://www.nbtv.cn/new/folder11117/18jwzqh/zwssw/20151208/2015120810246673.html。

④　高鸿业：《西方经济学》，北京：中国人民大学出版社，2011年，第553页。

候、劳资纠纷和需求强度）。① 在这些因素中，丹尼森特别关注知识对经济发展的促进作用，因为他看到了一个"令人震惊的事实"："知识的进展解释了技术进步对经济增长的约2/3的贡献。"丹尼森的结论是，"知识进展是发达资本主义国家最重要的增长因素"，当然，这种"知识"既包括技术知识，也包括管理知识。②

新古典经济学认为，人们生活水平之所以能够长期提升，其根源必定是"技术的进步"。相关学者提出了核算国家经济增长的关键公式：产出增长=资本的贡献+劳动的贡献+全要素生产率（技术）的增长。这一公式可以完美地解释1948—2002年美国的经济增长。③ 对我们来说，这个公式意味着，政府可以通过影响资本、劳动和技术三个因素来发展经济。针对中国当前的境况来说，"资本积累正在遭遇收益率下降，劳动供给正在遭遇全面紧缺"，④ 把握住科技进步的脉搏，让我国制造业从劳动密集型向技术密集型转向，就成为决定我国未来持续发展的至关重要的因素。

改革开放以来，中国经济之所以能够高速发展，主要还是依赖于增加投资、土地和劳动力这些生产要素的投入量来扩大生产规模。可是，这种方式是无法持久的。土地的总量就那么多，不可能无限量增加建设用地的供给。城市的空间就那么大，不可能通过无限供给道路的方式来解决交通拥堵。能源的总量是有限的，不可能通过无限量的供给来解决能源危机。教育的资源总是有限的，不可能因缺少人才就无限量地扩张教育规模，而且只是扩张教育规模，也不一定能够相应提升教育水平和人才质量。此外，单纯依靠数量和规模的经济增长方式呈现出高能耗、高排放的特征，这种模式不但不可持续而且还会造成环境的迅速恶化。

---

① 郁庆璘：《丹尼森经济增长因素分析法》，《外国经济与管理》，1985年第2期，第33—36页。
② 高鸿业：《西方经济学》，北京：中国人民大学出版社，第554—555页。
③ 曼昆：《宏观经济学》（第六版），张帆等译，北京：中国人民大学出版社，2011年，第230—231页。
④ 卓勇良：《创新政府公共政策供给的重大举措》，《浙江社会科学》，2016年第3期，第33页。

　　"贴牌生产""代加工"的"小作坊"企业曾经风行浙江大地，也创造了可观的物质财富，但由于缺乏核心技术和创新设计，无法建立起自己的品牌和技术优势，长期处于"食物链"的底端。随着市场竞争的日趋激烈，东南亚的一些新兴市场国家正在依靠自己的廉价劳动力吸引投资，依赖自身成本低廉的优势承接了新一轮的传统制造业转移。可以说，继续依赖过去的经济增长方式，将不再适应浙江未来经济的持续发展。浙江省需要确立独立创新的发展理念，主动对接"一带一路""长江经济带"等发展策略，努力推动科技创新以完成产业结构的转型和升级工作，"加快形成以创新发展为引领，协调、绿色、开放、共享发展互促的新格局"①。以绣花机出口为例，浙江省主要出口企业近年来加大在技改方面的资金投入，实现了从传统绣花机到高速绣花机的技术升级，更可根据客户需求定制机型，通过附加雕孔、自动加油、烫钻、金片等装置实现更多功能，满足客户日益多元的生产需求。据了解，过去占主流的传统绣花机每台价格8000美元左右，转型升级后，目前价值最高的绣花机每台已经超过了50000美元。

四、经济全球化为浙江省创新发展提供了新机遇和新挑战

　　2008年席卷全球的经济危机对各国原有的经济发展模式产生了巨大的冲击，各国都在寻找经济增长的新动力，但是要想真正让世界经济恢复动能，必须以新的模式来引领结构性改革，并以此实现经济增长方式的创新。如美国这样过度依赖消费的国家，开始布局新一轮的工业化进程，意图减少消费和财政赤字，增加出口和储蓄，进而推动实体经济的发展。而对于发展中国家，较多地依赖投资和出口，则努力扩大内需、增加消费。服务型贸易的重要性随着全球服务业的迅速兴起和壮大不断增强，在国际贸易中比重也在不断上升。中国是一个货物贸易顺差的大国，也是一个服务贸易逆差的大国。如何调整产业结构，在保持出口产品竞争力的前提下顺利实现增长动力的切换，既能够扩大内需增加消费，

---

① 浙江省人民政府办公厅：《浙江省科技创新"十三五"规划》，2016年7月25日。

又能够避免过度消费的危险，这是中国经济在下一个阶段面临的新挑战。

全球贸易投资规则正处于重新构建之中。WTO的影响力已经逐渐减弱，而以美国为主导的TPP、TTIP和TISA成为重塑全球贸易规则的新"三大支柱"，其核心是实现全面的贸易自由化。一方面，美国拉拢文莱、智利、新西兰、新加坡、越南、日本等12个位于亚洲和太平洋地区的国家建立"跨太平洋伙伴关系协定"（Trans-Pacific Partnership Agreement，简称TPP），意图重返亚太；另一方面，美国拉拢欧盟，建立"跨大西洋贸易与投资伙伴协定"（Transatlantic Trade and Investment Partnership，简称TTIP）。服务贸易协定（Trade in Services Agreement，简称TISA）涉及50多个参与国（地区），覆盖了大约75%的全球服务市场，涵盖了海运和空运服务、电子商务、金融服务、信息及医疗服务等。这三大贸易规则的确立，将会确立未来几十年的全球经济秩序。在"美国优先"原则下，美国政府应该不会放弃对全球利益最大化的角逐，甚至，为了对中国在国际分工中的作用做出限制，以抵消中国不断上升的国际影响力对美国的挑战，因此，未来中国在全球化中的地位不容乐观，国际贸易摩擦会呈现增多的趋势，新的贸易壁垒也将持续不断地出现，会对中国的对外投资和贸易产生不利影响。

从当今世界各国经济的发展形势来看，经济全球化始终是一把"双刃剑"。一方面，经济全球化使得社会分工在更大的范围内进行，资金、技术和生产要素在不同国家之间充分流动并优化配置，带来了巨大的分工利益，提高了效率，有利于推进生产力的发展；发展中国家能够引进先进技术、吸引外资，充分发挥劳动力资源的优势，扩大就业、创造财富、缩小与发达国家的差距；另一方面，发达的资本主义国家凭借其经济的优势地位，在全球化进程中成为规则的制定者和游戏的引领者，成为全球化的最重要受益者。那些金融市场不够成熟，企业竞争力不够强大的国家也会更容易受到国际市场的外部冲击。此外，金融危机随着经济全球化的日益发展，更容易在全球范围内高速扩散，最终成为全球性的金融危机，其带来的全球性的经济影响是不容忽视的。

随着中国加入世界贸易组织，中国经济对外开放进一步扩大，融入经济全球化进程的步伐也在不断加快。无疑，经济全球化在给世界各国经济发展提供一定发展机遇的同时，也给世界各国，特别是发展中国家的经济发展带来了巨大的冲击和挑战。作为发展中大国的中国，必须在充分认识经济全球化本质特性的同时，抓住发展机遇，迎接挑战，在参与经济全球化进程中利用其所提供的历史机遇实施国际化战略，促进我国企业的国际化发展。

在全球化的背景下，浙江经济发展既有机遇也面临着挑战。首先，浙江省的民营经济十分发达，以互联网为中心的新型信息经济的发展更是处于全国领先的地位。其次，浙江省已经开始利用数字技术转型升级，对传统制造业进行升级与改造。浙江已全面推进"机器换人"的项目示范，用数字化、智能化、网络化为"浙江制造"插上翅膀，升级为"浙江智造"。最后，浙江制造开始设定自己的产业标准，打造出"浙江创造"的品牌，真正让浙江的民营企业走向世界。

第三节　特色小镇的创建价值

特色小镇是破解浙江空间资源瓶颈的重要抓手，符合生产力布局优化规律；是破解浙江有效供给不足的重要抓手，符合产业结构演化规律；是破解浙江高端要素聚合度不够的重要抓手，符合创业生态进化规律；是破解浙江城乡二元结构、改善人居环境的重要抓手，符合人的城市化规律。

一、创建特色小镇的现实意义

李强在接受《中国改革报》采访时表示："建设特色小镇，是贯彻落实习近平总书记对浙江'干在实处永无止境、走在前列要谋新篇'指示精神的具体实践，是浙江推进供给侧结构性改革的一项探索与实践。"[1]

---

[1]　徐军、周慧敏：《特色小镇是供给侧结构性改革的浙江探索》，《中国改革报》，2016年3月10日（第1版）。

要回答创建特色小镇的现实意义，首先需要理解"供给侧"的具体含义。顾名思义，供给侧是相对于"需求侧"提出的，企业会提供产品和服务给消费者消费，政府提供的是制度、劳动力和资本等生产要素，以及公共产品和服务供给。过去，我们想办法去刺激消费、扩大出口、增大投资来扩大需求和刺激消费，这只是刺激了"需求侧"。这种方式十分有效，但也会出现问题：供给的产品数量足够甚至过剩了，质量却还不足以满足人们日益提高的要求。于是，供给侧改革就势在必行，供给侧改革的基本要求也就明确了："用改革的办法推进结构调整，减少无效和低端供给，扩大有效和中高端供给，增强供给结构对需求变化的适应性和灵活性，提高全要素生产率。"[1]

可是，为什么供给侧改革的基本要求最后要落实在"提高全要素生产率"上呢？根据前面的分析，国家经济高速增长＝资本的贡献＋劳动的贡献＋全要素生产率（技术）的增长。过去，我们确实通过吸收国际资本和利用国内丰富的资源实现了高速发展，创造了经济腾飞的奇迹。但是，这种高投入也导致了高排放和高消耗，造成了对环境的破坏和自然的破坏。曾经，我们利用廉价劳动力的优势，充分发挥中国人民勤劳的品质，大力发展劳动密集型产业，依靠小产品的进出口迅速积累了财富，实现了人民生活水平的提升。可是，随着工资水平的上升、劳动力价格的上涨，以及计划生育所造成的适龄劳动人口数量的下降，我国不再能够持续利用人口红利来增大投入以促进经济发展。此外，在国际上，越南和泰国利用廉价的生产力吸引了投资，取代中国世界代工工厂的地位。用技术密集型产业替代劳动密集型产业实现产业结构提升和重组成为当务之急。所以，供给侧结构性改革的重点就是，"推进过剩有效化解，促进产业优化重组，降低企业成本，发展战略性新兴产业和现代服务业，增加公共产品和服务供给"[2]。改革的具体任务就是"三去一降一补"。去

[1] 徐军、周慧敏：《特色小镇是供给侧结构性改革的浙江探索》，《中国改革报》，2016年3月10日（第1版）。

[2] 徐军、周慧敏：《特色小镇是供给侧结构性改革的浙江探索》，《中国改革报》，2016年3月10日（第1版）。

除过去高投入、高消耗、高污染却低利润的过剩产能；去库存，消解房地产过剩库存，让房地产回归居住属性，从而为创业创新提供更大的空间；去杠杆，避免债务过大引发金融危机，促进经济持续健康发展。降成本，就是要帮助企业降低成本，为企业减负，提高企业运行效率。补短板，要寻找薄弱处、关键处和紧要处：既要改善提升传统动能，做好去产能的社会化保障和职工再就业的帮扶工作，补齐民生的短板；也要设法培育新的发展动能，推动新一代的信息技术、生物技术、绿色低碳产业、高端设备与材料、数字创意等行业成为未来的支柱产业。

"浙江创建特色小镇，有利于破解经济结构转化和动力转换的现实难题，是浙江供给侧结构性改革的一项探索，是推进经济转型升级的重大战略选择。"[①]

首先，特色小镇有助于实现集约型发展，优化生产要素配给。2016年初，李强在《今日浙江》上发表题为《特色小镇是浙江创新发展的战略选择》的署名文章时曾指出，浙江省的地域空间有限，而且多山多水少田，素有"七山二水一分田"之称，在农耕经济时代并不占优。如何充分利用浙江省有限的地域面积，在有限的空间内实现生产要素的合理布局就成为浙江首先要解决的问题。时任浙江省发展和改革研究所所长的卓勇良提出，特色小镇建设是浙江省在公共政策供给方面探索的逻辑必然，他用历史数据证明：第一，从1981年开始，浙江省就有重视小城镇建设的先例，并在2011年率先开展小城市培育试点；第二，促进区域产业的集聚，创建产业链条，形成块状经济可以追溯到1992年开展的开发区园区建设；第三，1998年就已经率先提出了城市化策略，促进城里和城外的产业和社会的融合，形成新的发展空间，集聚国内外资本和高素质的专业人士；第四，政府注重服务职能的转变，以市场机制主导产业转型升级，专注打造创新平台。特色小镇建设，就是上述这四条主线继续推进的"逻辑深化和创新"，真正突破了"建设空间和用地紧缺的制

---

① 徐军、周慧敏：《特色小镇是供给侧结构性改革的浙江探索》，《中国改革报》，2016年3月10日（第1版）。

约"，充分实现了生产要素的优化组合。[1] 所以，李强总结道，"特色小镇是破解浙江空间资源瓶颈的重要抓手，符合生产力布局优化规律"[2]。

其次，特色小镇有助于打破创新瓶颈，构建区域产业体系，推进城乡统筹发展。改革开放以来，浙江不仅形成了一批产业特色较强、区域优势明显的块状经济，如绍兴纺织、大唐袜业、嵊州领带、海宁皮革等，而且建成了一批成效显著的省级乃至国家级开发区（园区），让浙江从资源小省进入到制造大省、经济大省的行列，取得了经济上的腾飞。随着经济的发展，特别是经济全球化大背景下，原来的发展模式显然已经不适应当前经济发展的需要。这些传统劳动密集型产业有着共同的弱点，即投入不可能无限制增长，特别是劳动力价格的上涨和资源、环境、资本的紧缺，依靠数量和低价取胜的方式已经走到了尽头，本来就不高的利润空间被进一步压缩后，产业增长接近"天花板"，很多企业都感受到了生存的压力。曾经的诸暨袜业并没有规模特别大的企业，也没有什么知名的品牌，更没有行业领先的技术，纯粹依靠廉价的劳动力，靠着低廉的价格吸引买家，可是，随着产业升级势在必行（这也是符合产业发展规律的：产业结构演进总是趋向"高加工度化、技术集约化、知识化和服务化"[3]）。2015年，诸暨市提出了"重构袜业、重塑大唐"的口号，以袜业小镇建设为契机，开展了"机器换人、电商换市、腾笼换鸟、空间换地"的产业升级；淘汰了落后的产能，增加了创意、研发与互联网的营销因素，减少了污染、美化了环境，大唐的袜业小镇重新成为产业创新升级的浙江典范。可见，"特色小镇是破解浙江有效供给不足的重要抓手，符合产业结构演化规律"[4]。

---

[1]　卓勇良：《创新政府公共政策供给的重大举措》，《浙江社会科学》，2016年第3期。
[2]　李强：《特色小镇是浙江创新发展的战略选择》，《中国经贸导刊》，2015年第24期。
[3]　李强：《特色小镇是浙江创新发展的战略选择》，《中国经贸导刊》，2015年24期。
[4]　李强：《特色小镇是浙江创新发展的战略选择》，《中国经贸导刊》，2015年24期。

再次，特色小镇是浙江省推进新型城市化、加快城乡一体化的新平台。特色小镇有助于形成创业创新发展的生态圈，保证绿色发展，促进人与环境的和谐。浙江的城市化进行到今天，交通拥堵、尾气污染、各种资源供给紧张等"城市病"凸显，在城市与乡村之间的城乡接合部建立特色小镇，破解了旧有的城乡二元结构，是新型城镇化的大胆尝试。特色小镇一般都位于城乡接合部，是连接城、镇、乡村的重要节点。城乡接合部往往是脏乱差的集中地，但也有存量土地多、生活成本低、人气比较旺、区位条件好、活力比较足的优势。在这个区块建设特色小镇，不仅能通过完善功能拓展新空间、集聚新人才、形成新产业，还可以建设绿色生产、绿色生活、绿色生态、绿色能源等融合发展的美丽小镇，成为推进新型城市化、展示美丽浙江新形象的重要窗口。

浙江省政府的文件中特别强调："所有特色小镇要建设成为3A级以上景区，旅游产业类特色小镇要按5A级景区标准建设。"[1]这说明，特色小镇的建立，真正实现了生产、生活和生态三者的融合，既让特色小镇集聚市场主体，又兼顾生活服务配套和自然环境美化，将为生活在"围城"中的城市人提供一个崭新的、追求梦想的空间。一方面，特色小镇能够让人们在市场中锐意创新、彰显价值，享受城市的便利；另一方面，它也能够创造一个环境优美、贴近自然的空间，让人们诗意地栖居。这个崭新的创业创新生态圈，必定能够吸引高端要素资源加入，良好的环境生态将成为浙江最有竞争力的吸引力量。可以说，"特色小镇是破解浙江高端要素聚合度不够的重要抓手，符合创业生态进化规律"[2]。

建设特色小镇，是传承独特地域文化的一大载体，有利于弘扬浙江省的历史经典文化，满足人民文化需求，提升浙江软实力。浙江省传统优秀文化正是借助历史经典产业特色小镇规划建设得以传承和弘扬，特色小镇通过挖掘各地独特而丰富的文化内涵，通过规划理念创新、建筑

---

[1] 浙江省人民政府办公厅：《浙江省人民政府关于加快特色小镇规划建设的指导意见》，http://www.zj.gov.cn/art/2015/5/4/art_32431_202183.html。

[2] 李强：《特色小镇是浙江创新发展的战略选择》，《中国经贸导刊》，2015年年第24期。

风格创新、产业业态创新，才能满足人民群众日益增长的旅游消费需求。同时，特色小镇强调叠加文化功能，不但能倒逼产业升级，还能在小镇形成独特的产业文化和人文气质，成为展示浙江新文化的新名片。

二、特色小镇对浙江创新的贡献

"轻、新、智、美"是特色小镇的主要特点。特色小镇对浙江创新的贡献主要体现为：特色小镇是浙江产业转型升级的发动机。"轻"，就是以创新型人才为主体进行"轻资产"式创业创新，引领经济转型升级；"新"，就是大力培育新产业、新模式、新业态、新企业、新平台和新管理方式，着力打通发展通道；"智"，就是大力推进智慧产业化、产业智慧化，突出创新驱动发展；"美"，就是实现生产美、生态美、生活美"三生"叠加，促进"人、产、城"融合发展。当前浙江省将培育和发展特色小镇作为重要工作重点推进，正积极探索新的规划建设方式、新的资源组合方式、新的产业生成方式以及新的文化呈现方式，从而更好地集聚高端要素和人才，发挥潜在的巨大优势和动力，力争打造成赢得竞争新优势的创新源和新增长极。

1.特色小镇推动了浙江产业结构的升级，提升"浙江制造"为"浙江创造"

2014年浙江省经济面临转型升级问题，时任浙江省省长李强提出了发展特色小镇的理念，为浙江经济的转型升级搭建一个创新发展、相互协作的平台，引领经济从传统产业向高附加值产业转型升级。特色小镇作为浙江省加快产业转型升级的新载体，对于培育新产业、生成新动力、促进新融合有着积极的作用。浙江省是一个经济大省，但创新动力、创新资源、生产效率等还难以适应产业变革新要求，还存在着转型升级的瓶颈和障碍，而特色小镇的规划和建设，就是充分利用浙江省块状经济、山水资源、历史文化的比较优势，利用浙江省在新一轮信息技术和新业态发展中的领先优势，通过资源整合、项目组合、功能集合，助力产业转型发展，促进经济转型升级。

特色小镇是创新、协调、绿色、开放、共享发展的重要功能平台，是一个资源要素、技术要素和人才要素的聚集区，与供给侧结构性改革相呼应，力图创造新的经济增长点。曾持续增长的浙江经济，在"十二五"期间经历了调速换挡期，过多的低端制造业、太过于依赖廉价劳动力、依靠高投入的资源和环境来保证发展速度等问题导致了增速上的瓶颈和环境损耗。从块状经济到经济高新开发区，再到特色小镇，浙江一直在思考如何布局资源和生产要素，而"特色小镇是浙江特色产业、新型城市化与'两美浙江'建设碰撞在一起的产物"。[①]

特色小镇普遍不大，规划面积3平方公里左右，建设面积1平方公里左右。但是，在这不大的场地上却实现了高新生产力的集聚，推动了浙江产业结构的转型升级。浙江是服装生产大省，主要是以代工为主，凭借成本低廉的优势，依赖进出口贸易赚取外汇获得财富。海宁的皮革产业曾经创造了辉煌的历史，皮革生产的产业基础雄厚而且产业链也非常完整。可是，海宁皮革产业的短板也非常突出，缺乏品牌和核心设计，掌握着设计和品牌销售的国外企业将溢价率更高的设计和销售环节产生的利润收归囊中，而海宁只能凭借劳动力的优势赚取微薄的代工费用。随着原材料和劳动力价格的上涨，海宁皮革业的增速开始进入瓶颈期。海宁皮革时尚小镇以"设计+"推动产业结构转型升级。它的规划面积并不大，仅为3.5平方公里，却已经汇聚了专职皮革设计师600多人，而且不断有国际一流的原料研发企业、皮革设计企业将自己的设计中心设立在海宁，实现了从加工制作向设计、创造品牌的升级，为创业创新塑造了更好的生态体系。[②]

杭州临平的艺尚小镇也是定位于促进服装产业的转型升级，进一步向高端化服装产业发展。临平本来就是服装产业的聚集地，杭州女装品牌的80%都来自余杭。可是，传统的发展模式以代工为主，发展层次不高，现在创立艺尚小镇也是要将自己最有优势的服装产业进一步升级，

---

① 李强：《特色小镇是浙江创新发展的战略选择》，《中国经贸导刊》，2015年第24期。
② 邵婧彦：《海宁皮革时尚小镇创意区正式开工》，http://zjnews.zjol.com.cn/zjnews/jxnews/201610/t20161003_1953519.shtml。

整合国内外的优势资源，拓宽设计和销售领域。艺尚小镇的规划面积是3平方公里，但已成功吸引了七匹狼、太平鸟等40余家国内知名品牌入驻，并且积极与国内外知名的时尚学院达成深度合作意向。[①]2017年1月，艺尚小镇成为"全国纺织服装创意设计试点园区"，这是国家对于特色小镇发展模式的肯定，临平的服装制造业也完成了产业结构的转型升级，进而向高端制造业发展。

可见，特色小镇作为一个小平台汇聚了大能量，通过集聚资本、技术、人才、环境等资源，各具特色的特色小镇完成了对传统产业的转型与升级，变"浙江制造"为"浙江创造"。

2.特色小镇是浙江创业创新的重要平台，大力推动了新兴产业的发展

特色小镇是浙江省促进大众创业、万众创新，形成新产业的新空间。通过聚焦七大产业和历史经典产业，每个特色小镇叠加产业、文化、旅游、社区功能，着力打造集产业链、投资链、创新链、人才链、服务链等要素支撑的众创生态系统，形成一支推动未来新产业发展的现代创业群体，培育一批一、二、三产联动、历史现代未来同现、生产生态生活共融、宜居宜业宜游的新产业，占领未来产业的新高地。规划建设特色小镇，有利于稳定扩大有效投资。

特色小镇是高校毕业生、大企业高管、科技人员、留学归国人员创业者为主的"新四军"[②]创新创业地，将形成独特的人文气息。杭州之所以能够掀起创业热潮，这是因为杭州拥有其他省份所无法比拟的创业优势：第一，杭州有互联网创业偶像阿里巴巴；第二，杭州市民间资本丰富、资本市场活跃；第三，杭州拥有浙江大学这块"金字招牌"，浙大毕

---

① 王丽娟：《余杭"艺尚小镇"扬帆起航》，http://hzdaily.hangzhou.com.cn/hzrb/html/2015-05/27/content_1973707.htm。

② 以阿里巴巴出来的创业者为代表的"阿里系"（如：挖财网、51信用卡、铜板街、蘑菇街、bong手环等）；以浙大为代表的"高校系"（如：盘石网盟、个推、泛城科技等）；以"千人计划"人才为代表的"海归系"；以及创二代、新生代为代表的"浙商系"。

业生的创业率居全国第一,这意味着杭州创业大军中"浙大系"的地位举足轻重。偶像、资本、人才等要素,以及杭州不拘一格的创业扶持政策,让创客们在杭州享受到独家款的创业红利。

特色小镇是传统特色产业+互联网的发展新高地,将形成活跃的创新文化;是新产业、新业态的孵化诞生地,将形成独特的产业文化。余杭的梦想小镇在推动信息经济的发展上,重点发展互联网创业与天使基金两大产业门类。互联网创业村着力于互联网领域的生产、研发和创新,而天使村则专注于互联网金融以及与企业金融服务相关的培育和创新。截至2016年6月,已集聚创业者5900名,创业项目近640个,有74个项目获得了百万以上的融资,融资总额达到了15.8亿元。[①]梦想小镇完善了"创业苗圃+孵化器+加速器"的创新孵化链条,一些孵化成功的企业迁出梦想小镇,进入附近的加速器实现产业化,在梦想小镇周边出现了一批电商村、手游村和健康村。曾经闲置、无人问津的粮仓转变为创业创新的"良仓"。

云栖小镇以阿里巴巴的云计算产业为基础,截至2016年10月,3.5平方公里的小镇已引进涉云企业321家,产业覆盖云计算、大数据、App开发、游戏、互联网金融、移动互联网等领域,已初步形成较为完善的云计算产业链条。从工业园区到特色小镇的蜕变,不只是名称上的变化,更是落后产能的转型升级。云栖小镇淘汰了一批科技含量低的产业,将工业用地和厂房改造为现代化的、高科技的创新空间,引入了更多面向未来的互联网企业。2016年的杭州云栖大会吸引了四万开发者参加,四天内有600多个主题演讲,已成为全球云计算峰会的标杆。云栖小镇打响了海外的知名度,吸引了包括富士康科技等知名企业300多家,郭台铭高度赞赏云栖小镇的建设,称之散发了"硅谷的味道"。[②]

玉皇山南基金小镇创立了一个金融生态圈。面积不足3平方公里的

---

① 《浙江省首批省级特色小镇考核结果新近出炉》。
② 傅一览:《云栖小镇,梦想在云端启程》,http://hznews.hangzhou.com.cn/xinzheng/quxian/content/2014-10/16/content_5486219.htm。

小镇展现出了巨大的能量,在基金小镇建立一年之后,已累计入驻金融机构500余家,集聚高端专业人才1600多人,管理资产规模已超过3200亿元,2016年第一季度税收就超过了3亿元。出现如此爆炸性增长是有原因的:首先,浙江省作为中国最富裕的省份,为基金提供了足够的资金支持,基金小镇的建立充分利用了浙商的资本;其次,浙江的青山绿水为基金小镇提供了与众不同的环境资源;再次,政府的政策支持和配套设施的完善确保了小镇的顺利运行;最后,杭州在长三角的核心位置有助于让它成为上海之外的第二个金融中心。[①]

特色小镇作为浙江省谋划大项目、带动大投资、培育大产业,促进实体经济发展的新引擎,每个特色小镇原则上要求三年内完成固定资产投资50亿元左右,并且不包括住宅和商业综合体项目。以100个特色小镇计算,三年累计直接投资至少在5000亿元以上。因此,特色小镇是小空间大投资,有利于推动各地集聚资源要素、推进项目建设、扩大有效投资,形成新的经济增长点。特色小镇也是改革创新的一种实验。浙江省特色小镇的发展必将推动全国特色小镇的建设和发展,到2020年培育1000个左右各具特色、富有活力的休闲旅游、商贸物流、现代制造、教育科技、传统文化、美丽宜居的特色小镇,引领带动全国小城镇建设,不断提高建设水平和发展质量。[②]

3.特色小镇优化了政府政策供给,使得政府职能向服务型转变

浙江规划建设的特色小镇,不是行政区划单元的"镇",而是产业发展载体;也不是产业园区的"区",而是同业企业协同创新、合作共赢的企业社区;更不是政府大包大揽的行政平台,而是企业为主体、市场化运作、空间边界明确的创新创业空间。这既打破了行政区划的固有边界,又巧妙避开了现有体制机制上的一些障碍,为特色小镇提供了更为灵活

---

① 《上城区玉皇山南基金小镇挂牌一周年》,http://www.hangzhou.gov.cn/art/2016/5/16/art_812262_707226.html。

② 住建部:《到2020年培育1000个左右特色小镇》,http://www.countryplan.cn。

的成长方式、更为宽广的发展空间。

特色小镇作为改革实验区，凡是国家、省级或是市级的改革举措率先在特色小镇推开。主要特点是推进方式新颖，分批建立创建对象，中间实行优胜劣汰，建成后验收命名的"创建制"。浙江省政府通过以"四张清单一张网"为重点的自身改革，进一步厘清了政府和市场的关系，让市场在资源配置中发挥决定性作用；同时通过创新制度供给，推进政府自身改革和治理能力现代化。权力的减法，换来市场活力的加法。特色小镇的发展过程，也是政府和市场关系、市场优势与政府职能相得益彰的探索过程。政府不再实行以往那种在传统园区搞高强度土地开发、大拆大建的老办法，不再主动推动某一个产业的发展，而是利用手中管控的资源倾斜性支持某一产业并干预市场的运行。比如，政府通过政策和税收上的优惠措施，对当地的优势产业集聚和产业升级产生刺激和激励的作用。这种方式无疑给予了市场更大的自由度。①2015年5月，《杭州日报》对杭州的134家初创企业进行了调研。结果显示，37.31%的企业营收与去年同期相比增长了100%以上，71.64%的企业的员工数量与去年同期相比有所增加；46.27%的企业在原有主业基础上进行了多元化拓展。投资人李治国表示："杭州的创业环境位居全国前三，并非夸大其词，有些行业譬如电子商务、互联网金融可能比北京更好。"

在推动特色小镇建设过程中，政府在扶持方式上也有所突破和创新，实施有奖有罚的土地供给方式、期权式的财政奖励方式。对于特色小镇，政府的扶持力度是相当大的，做出了政策制度上的改变与创新。对如期完成年度规划目标任务的特色小镇，浙江省按实际使用指标的50%给予配套奖励，对其中代表先进生产力的"信息经济、环保、高端装备制造等产业类特色小镇"还会在这个基础上增加10%的配套奖励。而对三年内未达到规划目标任务的，也会进行相应的惩罚。除此之外，浙江省政府真正做到了还利于民，"特色小镇在创建期间及验收命名后，其规划空

---

① 卓勇良：《创新政府公共政策供给的重大举措》，《浙江社会科学》，2016年第3期。

间范围内的新增财政收入上交省财政部分，前三年全额返还、后二年返还一半给当地财政"①。

可以看出，特色小镇建设摒弃了"先拿牌子、政府投资、招商引资"的传统做法，以企业为主体，实行市场化运作，发挥好市场在资源配置中的决定性作用，避免政府在工作中大包大揽。特色小镇的成功不在于政府是否给"帽子"、给政策，而在于企业是否有动力、市场是否有热度。同时，进一步加大社会资本在融资引入中的力度，以防出现外行领导内行的局面。特色小镇的发展规划与目标完成情况需要引入第三方机构进行编制和评测，以及要引入专业机构为入驻企业提供融资咨询、市场推广、技术孵化、产品推荐等服务。②

4.特色小镇是绿色低碳发展的践行者，为浙江提供了和谐发展的可能

习近平总书记指出："我们既要绿水青山，也要金山银山。宁要绿水青山，不要金山银山，而且绿水青山就是金山银山。"③这就要求加快把良好的生态优势转化为高端优质的产业优势，实现更高层次的环境与发展的融合，率先走出一条"绿水青山就是金山银山"的科学发展之路。特色小镇恰恰就是以"生产美"为核心，推进"生态美"，提升"生活美"；在"绿水青山"的环境优势与"金山银山"的发展追求之间找到最大公约数、最佳结合点，为建设生产、生活、生态"三美融合"的美丽浙江探索新路子。

特色小镇不仅是互联网创新之路，更是绿色发展之路，浙江省特色小镇的建设特别强调环境的重要性，继续走过去那种边发展边污染的老路是行不通的，必须在发展区域经济的同时，充分发挥浙江绿水青山的

---

① 浙江省人民政府办公厅：《浙江省人民政府关于加快特色小镇规划建设的指导意见》，http://www.zj.gov.cn/art/2015/5/4/art_32431_202183.html。
② 住房和城乡建设部：《浙江省特色小镇规划建设工作实践》，http://www.mohurd.gov.cn/zxydt/201603/t20160310_226870.html。
③ 《习近平总书记系列重要讲话读本（2016年版）》，http://paper.people.com.cn/rmrb/html/2016-05/09/nw.D110000renmrb_20160509_1-09.htm。

优势，并好好保护好这份几乎不可再生的财富，减少"三废"的排放，改善大气的状况，做到可持续的发展。在发展产业的同时，保护生态，提升生活品质，对人才才能更有吸引力。特色小镇建设是在城市环境基础上，进一步强化产业特色，以鲜明主题提升产业和资源集聚度。虽然特色小镇建设要服务于产业发展目标，建设一个适合创新要素生长和集聚的环境和空间，让产业走向创新驱动，但重点是补齐环保"短板"，保证特色小镇绿色健康发展。因此，特色小镇建设必须与环保同行，实现特色产业和环境保护双赢。

可以说，每一座在城市与乡村之间建立的特色小镇都是新型城镇化的示范，既远离了大城市的喧嚣与浮躁，将乡村的风景与休闲融入了生活之中，又能够让那些居住在特色小镇中的人们在创业和工作中展现出自身的竞争力并实现自身的价值，还能够享受到大城市的便利与服务。特色小镇兼具生态、生产和生活的功能，实现了文化、旅游和产业的和谐共融，是绿色城市的典范。

5.特色小镇是文化传承的现实载体，扩大了浙江的影响力

根据《浙江省人民政府关于加快特色小镇规划建设的指导意见》，"特色小镇要聚焦信息经济、环保、健康、旅游、时尚、金融、高端装备制造等支撑我省未来发展的七大产业，兼顾茶叶、丝绸、黄酒、中药、青瓷、木雕、根雕、石雕、文房等历史经典产业，坚持产业、文化、旅游'三位一体'和生产、生活、生态融合发展"。《意见》明确了特色小镇发展的定位：特色小镇并非是异想天开、凭空制造出来的，而是与"茶叶、丝绸、黄酒、中药、青瓷、木雕、根雕、石雕、文房等历史经典产业"息息相关的，没有当地的历史底蕴和传统文化，特色小镇的"特色"就无从彰显。

龙泉青瓷小镇以上垟镇龙泉瓷厂旧址为核心区域，保留了原国营龙泉瓷厂的办公大楼、青瓷研究所、专家宿舍、工业厂房、大烟囱、龙窑、倒焰窑等历史建筑，并设立了青瓷传统技艺展示厅、青瓷名家馆、青瓷手工坊等各种青瓷主题的休闲体验区。青瓷小镇充分整合周边资源，建

立了生态人文景区，引来了四位重量级工艺大师，设立了46个创作工作室，有89家青瓷企业、青瓷传统手工技艺作坊入驻。天台山和合小镇则定位于和合文化的展示、传播与交流。和合文化是天台极具特色的地域文化，始于两汉、魏晋至隋唐，兴盛于两宋之后，形成了"儒、释、道"三教"和合、兼容、并蓄"发展的景象。和合小镇将地域独特的文化传统与旅游、社区结合在一起，发展成为休闲旅游、健康服务和文化创意产业。[①]

特色小镇的进一步发展，要在"特色"二字上下功夫、做文章，从而避免千篇一律、千镇一面。特色小镇不能盲目造镇，因此就必须从特色小镇当地的特色出发，以发展某一个或者多个当地特色的传统产业为出发点，着力深入挖掘产业的附加文化价值，才能够做出产品的品牌和文化。也只有做出自己的品牌和文化，特色小镇才能够扩大影响，进一步发挥特色小镇的旅游功能，从而形成良性的循环系统，吸引更多的游客、创业者和大公司入驻小镇，为特色小镇所在地的城镇化发展和经济腾飞贡献力量。让特色小镇成为历史和文化的传承载体，不仅需要寻找具有经济发展潜力的产业，更重要的是以恰当的方式将产业与当地的传统文化和民俗风貌有机地结合在一起，从而赋予特色小镇丰富的历史文化内涵，提升小镇的知名度。

浙江文化的传播，需要依靠特色小镇这样一种创新独特的载体，而特色小镇的规划和建设，不但能够吸引更多的人才、资本和企业的聚集，也能够为弘扬和传承中国传统文化贡献一分力量。

三、云栖小镇的意义

信息经济在近年来逐渐兴起，作为一种新兴产业，信息经济的崛起是一个稍纵即逝的时间窗口，只有抓住了这一机会才能在整个行业内成为赶超者甚至领跑者。浙江要获得更长远的发展就必须抓住这一重要的发展机遇，乘胜追击。做好信息经济发展这篇大文章，真正走在全国前

---

① 住房和城乡建设部：《浙江省特色小镇规划建设工作实践》，http://www.mohurd.gov.cn/zxydt/201603/t20160310_226870.html。

列，需要强化优势与特色，实现重点突破。

1.云栖小镇是大数据科技的发源地

近年来，浙江省委、省政府为贯彻落实中央加快实施创新驱动发展战略和"互联网+"行动计划，大力发展新兴战略性产业，希望能够在布局未来产业时夺得有利的时机，从而能够在新一代互联网、云计算、大数据等领域形成显著的领先优势。整个浙江正以全球化的视野、前瞻性的意识、互联网的思维、拥抱大数据的胸怀，着力打造信息经济发展的高地，并进而实现经济转型升级和可持续发展的目标，做好领头雁，放眼未来、率先突破，全面激发创新动力、创造潜力和创业活力。

浙江省的信息经济已领跑全国，再以更小的视角切入，看杭州，信息经济引领作用更加明显。2015年上半年，信息经济增加值拉动GDP增长3.4%，从中可知信息经济已成为2015年上半年杭州市GDP高增长的重要支柱和依托。此外，信息经济并不是孤立发展，而是与实体经济广泛融合发展，它正以前所未有的力度深刻改变着杭州的经济结构，同时杭州的产业未来也需要靠信息经济来重塑。抓信息经济就是抓实体经济的提升发展。信息经济和智慧应用在杭州已作为"一号工程"在逐步推进，放眼未来，杭州市要实现的一大目标就是加快经济转型升级，而要真正使这一目标落地，就需要切实推进信息经济的建设，着力打造生态美、生产美、生活美的杭城。

西湖区落实省委、省政府信息经济战略的一个重要抓手就是于2015年10月14—15日举办的云栖大会，这也是杭州打造信息经济"六大中心"的最好例证。围绕云计算的中国创新与全球视野，对云计算产业风起云涌的未来发展趋势进行精准评估与把握，大会汇聚全球顶尖项目、技术、产品、市场、资金、人才等关键资源，推动中国云计算与世界的连接，实现全球互联互通。

如今，全球正进入大数据时代，"互联网+"成为一种新兴发展趋势，传统七大产业受其影响也已日渐显现，从中我们也可以清晰地看到云计算、大数据对产业转型的有效支撑，它们就像水电一样，正成为第三次IT革命的基础性设施，逐渐渗透进我们的日常生活之中。杭州作为全国五个云计算服务创新发展试点示范城市之一，正走在大数据、云计算领域的全国前列，杭州具有在该领域不可估量的发展潜力，而云栖小镇正是这座城市发展云计算产业的排头兵，在信息产业中已抓住发展机遇，抢占先机，其在未来具有很强的发展态势。在第一次和第二次科技革命的浪潮中，中国错失了重要的发展机遇，没有借助科技革命而让自身变得强大。但是，如今的中国早已苏醒，已经意识到信息科技对于一个国家的发展有多么关键，也绝不会再让第三次科技革命所带来的历史机遇从手边溜走。中国需要抢占信息技术发展的制高点，而云栖小镇的建立和发展正是其中的一个重要节点，它见证了一个产业的世界中心，抢占了"时间窗口"，搭上了通往未来经济发展、民族振兴的"信息高铁"。可以说，云栖小镇的创建，表明了中国在打造自己的互联网产业和形成世界级的云计算中心方面，已经占据了信息技术发展的先机。

2.云栖小镇是创业人才聚集的高地

2014年6月9日，在中国科学院第十七次院士大会、中国工程院第十二次院士大会上，习近平总书记专门谈到了创新事业对于人才的需求："创新的事业呼唤创新的人才。我国要在科技创新方面走在世界前列，必须在创新实践中发现人才、在创新活动中培育人才、在创新事业中凝聚人才，必须大力培养造就规模宏大、结构合理、素质优良的创新型科技人才。"[①]2016年4月19日，在网络安全和信息化工作座谈会上，习近平再次强调了人才的重要性："古往今来，人才都是富国之本、兴邦大计。我说过，要把我们的事业发展好，就要聚天下英才而用之。要干一番大事业，就要有这种眼界、这种魄力、这种气度。"[②]人才的引进和培育，是一个城市乃至一个国家未来发展的重要依托和载体，人才力量的优势对于城市及国家长远发展而言不可忽视，有"天下人才尽入我彀中"的雄心

---

① 《习近平在中国科学院第十七次院士大会、中国工程院第十二次院士大会开幕会上发表重要讲话》，http://rencai.people.com.cn/n/2014/0610/c244800-25126182.html。
② 《习近平主持召开网络安全和信息化工作座谈会并发表重要讲话》，https://news.china.com/zw/news/13000776/20180525/32450134.html。

壮志，才能够为全面建成小康社会和实现中国梦打下牢固的基础。

2015年云栖大会，吸引了两万多名开发者参加大会，全球超127万人观看了直播。2016年的云栖大会，四万名科技精英对此产生了浓厚的兴趣，并受邀前来参加盛会，此外还有超过700万人观看了大会的网络直播。云栖大会已经成为全球规模最大的科技盛会之一。而且，云计算作为一种新兴科技，从事该领域的多数是年轻人，他们也是创新创业的主力人群，在未来势必会引领创新创业的新潮流，有利于解决诸多社会问题。据云栖大会组委会调查，参加云栖大会的四万人中，年轻人占到了八到九成。在如今大力倡导加强企业改革创新的新时代，企业管理者正是企业改革创新的推动者和主导者。据组委会透露，四万人中超过15%的人来自各个企业的管理层。这表明了各大公司已被云计算这样的新兴信息产业所吸引，对各大企业来说，是否能够跟上这一轮的科技革命，能否追赶上这个科技革命的浪潮，是关乎未来发展甚至是生死存亡的大事，因此，云栖大会也进入了他们重点关注的视野。此外，云栖大会更是在世界范围内产生了巨大的吸引力，谷歌、微软、IBM、英特尔、惠普等众多知名科技公司的精英参与了现场的交流。[①]

云栖小镇集聚人才的能力应该说是无可置疑的，它吸引了众多知名企业入驻也是一个客观事实。阿里云是云栖小镇的平台基础，也是云栖小镇的核心竞争力，迅速集聚了大批优秀的创业创新型科技类企业。富士康的郭台铭六访云栖小镇，高水准的云计算、大数据和高科技创新创业人才吸引了世界一流代工企业鸿海集团，他们最终决定入驻小镇并联合发起了"淘富成真"项目，专门支持中小微智能硬件企业和创业者。还有，著名厂商英特尔也入驻了云栖小镇，在其中成立的Intel Maker Zone实验室，开放英特尔在智能硬件方面的技术，创业者可以得到相关的免费服务，例如科学技术指导、设计开发咨询等。截至2016年6月底，云栖小镇已引进各类企业408家，已形成了完整的云计算产业生态。

---

① 《4万人到场 2016年杭州·云栖大会顺利收官》，http://ori.hangzhou.com.cn/ornews/content/2016-10/16/content_6320384.htm。

3.云栖是科技与人文的结合地

云栖小镇并非一个受迫于招商或者市场压力而无法集中优势资源、发展特色产业的普通工业园区。云栖小镇具有十分鲜明的特点，就是希望能够聚集全国的大数据、云计算产业，并努力占据全球云计算产业的制高点。科技固然重要，但是光有科技是远远不够的，它需要多元发展，融合多个元素，云栖小镇坚持将科技与人文结合发展的理念，"始终坚持云产业生态特色，坚持科技人文特色，坚持'名人、名企、名镇'。通过科技人文建设的推动，形成云栖小镇独有的IT文化，使之成为创业创新的工程师、行业精英学习创业的圣地，使文化建设成为云栖小镇的核心竞争力"[①]。

阿里云和转塘科技园区这两个建设主体是云栖小镇的重要依托，云栖小镇形成了企业与政府良性合作的生态，共同打造了"云栖小镇超级孵化器"创新项目，为云计算创业人才和项目提供各类相关服务。云栖小镇的建设促进了阿里开发者大会的形成，到今天又发展成为汇聚全世界眼光的云栖大会。与此同时，两者的良性互动，还催生了一所世界级大学的诞生。

西湖大学是全国第一个国际性私立大学，它主要由云栖小镇创建。加州理工大学和斯坦福大学的办学理念被西湖大学所学习和借鉴，教师队伍由世界最顶尖的科学家组成，以此来培养未来发展需要的、具有世界一流水平的创新型科技人才。斯坦福大学现任教职工中有20位诺贝尔奖得主、2位菲尔兹奖得主，这也表明了西湖大学所瞄准的教师科研实力以及培养研究生的高标准。它是由著名生物物理学家、清华大学前副校长施一公任首任院长，由国家"千人计划"等专家领衔，组建了理学、前沿技术、基础医学和生物学四个研究所，开展相关领域科学研究和博士生培养。

---

① 郑希均：《云栖！云起！》，《浙江日报》，2015年2月5日。

4.云栖小镇是创业创新第一镇

创新创业需要有充足的资源和相关服务。在云栖小镇，为创业者提供基础服务设施的场所是"创新牧场"。所谓牧场，不但要水草丰美，还要是自由觅食的开放空间。创新意味着要有超出传统模式的颠覆性改变，创新最为关键也是最为重要的要素就是自由，只有具备了自由这一要素，才会形成创新的空间。创新牧场就是要给创新的企业提供一个自由生长的空间，这是一个水草丰美、自由创造的空间。阿里巴巴的云服务能力、淘宝天猫的互联网营销资源、富士康的工业制造能力，以及众多重量级成功企业的核心资源，共同构成了云栖小镇"水草丰美"的环境，帮助初创型企业自由生长。云栖小镇为创新型企业提供基础设施服务，这些初创企业的产品质量能够得到提升，同时其品牌形象也可以大大改善，此外企业的产品开发变得更为便利，也就能够提高企业获得成功的概率。云栖小镇为大众创业、万众创新提供了水草丰美、自由开放的空间。

众所周知，传统产业转型升级的沃土就是"产业黑土"。阿里巴巴CTO王坚阐释了"黑土"的含义，"分别位于乌兰克、美国密西西比、中国东北的黑土地，是全球仅有的三块真正黑土，而这三块土地之所以肥沃，是因为大量的动植物腐殖于此，带来了超高的有机质含量"。然而在互联网时代，传统产业在某种程度上不再具备原先的发展优势，也渐渐失去了原有的发展空间，跟不上时代的要求而日渐失去生命力，在信息社会的浪潮中逐渐衰退和没落。但是，如果这些传统产业能够抓住发展的机遇，积极主动与互联网相结合，就有可能重新焕发生命力。德澜科技刚开始运作时，是一家做安防保卫产品的公司，但是，它在传统行业上走的路并不顺利，与美的合作的空调产品一直没有机会面世。2010年开始，将过去研发空调的经验和教训运用到智能家电的研发中，推动家电上云联网，为美的、海信、科隆、长虹、创维等多家家电厂商提供物联网解决方案，目前已经成为国内规模最大的平台。[①]传统产业是"黑

---

① 李倩：《云起，云涌，云栖》，《浙江日报》，2015年10月14日。

土"，肥沃却尚待开发利用，而日益兴起的大数据和云计算，能够将这片黑土充分利用，当传统产业与互联网、云计算连接之后，将再次焕发这片黑土地的无穷生命力。

"科技蓝天"是代表着照耀滋润"牧场"与"黑土"的阳光所在，云栖小镇成为科技和人才的聚集地，成为创业创新事业的发源地。施一公、陈十一、潘建伟、饶毅等国家顶尖人才倡导发起并积极筹建的西湖大学有其显著的特色和办学理念，不同于国内其他民办大学之处是，这所院校是以研究为目的的，以率先招收博士生为目标，规模上也并不求全、求大，仅有与云计算相关的理学、工学、生命科学和管理学四个门类。之所以这样设置，就是要将云栖小镇的云计算真正建设成为蓝天上的白云，达到亚洲第一、甚至世界第一的水平。[①]

---

① 傅一览、高静玮、郑少曼：《云栖小镇：孕育"创新牧场—产业黑土—科技蓝天"》，《杭州日报》，2016年6月24日。

第二章　云栖小镇的发展之路

当前技术革命的核心就是互联网技术，而未来的30年是互联网技术如何融入应用于社会方方面面的30年，在这个时期，数据将成为国家重要的基础性战略资源，简而言之，在全球化时代，要想获得发展的机遇和优势，就需要有数据的支撑，拥有大数据，就能拥有大未来。如果说让杭州变得"有些特别"的是某一个企业的诞生，那么这个企业应当属于阿里巴巴集团。从"淘宝"到"支付宝"再到"蚂蚁金服"，以及如今的大数据、云计算平台"阿里云"，十几年来，阿里巴巴一直引领着中国互联网产业的发展，改变着杭州这座城市的创新基础，为杭州增添了许多创新的色彩和活力。因为阿里巴巴，杭州变成了"世界电商之都"，目前杭州集聚了全国1/3以上的电子商务网站。

第一节　以科创为导向，力推科创中心建设

党的十八大以来，习近平总书记把创新摆在国家发展全局的核心位置，高度重视科技创新，围绕实施创新驱动发展战略、加快推进以科技创新为核心的全面创新，提出一系列新思想、新论断、新要求。尤其强调抓好顶层设计和任务落实在科技创新中的重要地位，找准世界科技发展趋势，找准我国科技发展现状和应走的路径，坚持需求导向和产业化方向，坚持企业在创新中的主体地位，切实营造实施创新驱动发展战略

的体制机制和良好环境，加快形成我国发展新动源。总书记提出的这一创新理念，云栖小镇的成立和发展都在积极贯彻和落实。

云计算是基于互联网的相关服务的增加、使用和交付模式，通常涉及通过互联网来提供动态的、易扩展的且经常是虚拟化的资源，是分布式计算、并行计算、效用计算等传统计算机技术和网络存储、虚拟化、负载均衡、热备份冗余等网络技术发展融合的产物，是20世纪80年代从大型计算机到客户端—服务器的转变以来的新一轮巨变。云计算具有高达每秒10万亿次的运算能力，可满足模拟核爆炸、预测气候变化和市场发展趋势等高度计算需求，而用户只需通过电脑、笔记本、手机等方式接入数据中心，就可以按自己的需求进行运算。根据美国国家标准与技术研究院的定义：云计算是一种按使用量付费的模式，这种模式提供可用的、便捷的、按需的网络访问，进入可配置的计算资源共享池（资源包括网络、服务器、存储、应用软件、服务），这些资源能够被快速提供，只需投入很少的管理工作，或与服务供应商进行很少的交互。云计算具有显著特点，其中就包括：超大规模、虚拟化、高可靠性、高可扩展性、按需服务、极其廉价。从技术上看，大数据与云计算的关系就像一枚硬币的正反面一样密不可分。单台的计算机必然无法进行大数据处理，因此，采用分布式计算架构就显得尤为重要。它的特色在于对海量数据的挖掘，但它必须依托云计算的分布式处理、分布式数据库、云存储和虚拟化技术。毫无疑问，大数据时代已经到来，今天的大数据已经成为驱动经济发展的重要生产资料，对于很多行业而言，如何利用这些大规模数据是赢得竞争的关键，其价值含量、挖掘成本比数量更为重要。因此，以云计算作为数据挖掘和处理的工具，将构建起围绕大数据的高端互联网产业链。

互联网作为浙江在经济腾飞过程中的一大重要基因，其扮演的角色和发挥的功能不可忽视。浙江已经沉淀了很多数据优势，完全有可能打造"数据强省""云上浙江"。而云计算正是杭州大力发展的新一代互联网技术和产业，也是"互联网+"时代杭州着力提升的创新创业基础设施。云栖小镇正在着力打造云计算产业生态聚集地，它运用大数据的优势，依托云计算的载体，运用云计算将简单数据变成生产要素，建立以阿里巴巴为基础，以数梦工场、阿里云、华通云为核心企业的大数据获取、挖掘与处理的云计算生态链。

数梦工场创立于2015年3月，是阿里巴巴集团投资的新型"互联网+"企业，同时也是阿里云的使命级战略合作伙伴，其总部即位于云栖小镇。数梦工场坚持研发创新导向，基于阿里云平台，以云计算大数据提供定制化的平台及服务，致力成为全球领先的数据处理技术（DT）平台及服务提供商，研发方向主要涵盖互联网架构、云计算、大数据、云安全等领域。在这个从信息处理技术向数据处理技术转向的时代，数梦致力于为用户提供数据解决方案。目前，云计算和大数据的特点已经远远超出了单一企业的独立承载能力，网络、存储、数据库、虚拟化、操作系统、安全等各个专业的IT企业联合在一起，才能为用户提供最适合的解决方案，而用户所需要做的仅仅是接入互联网，享受云计算、大数据的服务。因此，目前数梦工场的主攻方向就在于行业与区域的云计算及大数据，政企市场是当前数梦工场的主要客户目标。数梦工场要做的，是成为一个"整合者"，根据用户的具体需求，为其设计最为符合的应用场景解决方案，从而做到切实满足用户需求。目前，数梦工场已服务于浙江省政府、盐城市政府、华泰证券等各行业客户，并与慈溪市政府、浙商银行、杭州师范大学、南江机器人等签订了战略合作协议，相继推出了DTBase数据库一体机及DThink大数据一体机等产品，提供强有力的大数据解决方案。

阿里云创立于2009年，已成长为全球领先的云计算及人工智能科技公司，致力于以在线公共服务的方式，提供安全、可靠的计算和数据处理能力，让计算和人工智能成为普惠科技，当前正在为200多个国家和地区的企业、开发者和政府机构提供服务。截至2016年第三季度，阿里云客户超过230万，付费用户达76.5万。阿里云服务着制造、金融、政务、交通、医疗、电信、能源等众多领域的领军企业，包括中国联通、12306、中石化、中石油、飞利浦、华大基因等大型企业客户，以及微博、知乎、锤子科技等明星互联网公司。同时，阿里云在全球各地部署高效节能的绿色数据中心，利用清洁计算为万物互联的新世界提供源源不断的能源动力。目前开放服务的区域包括中国（华北、华东、华南、香港）、新加坡、美国（美东、美西）、欧洲、中东、澳大利亚、日本。2017年1月，随着阿里巴巴成为奥运会"云服务"及"电子商务平台服务"的官方合作伙伴，阿里云也开始为奥运会提供云计算和人工智能技术。

2012年，华通云数据公司正式成立，这是一家云计算综合服务提供商，目前已构建较为完善的云计算基础设施资源，形成六万平方米、近一万个机柜的绿色数据中心，拥有十万多个虚拟主机的计算能力；提供可以覆盖全国的端到端传输网络解决方案服务，是全国少有的拥有较为完整云计算资源的综合服务企业。业务范围包括数据中心托管（IDC）服务、云计算服务、互联网资源加速服务等内容。华通云数据公司的数据中心托管（IDC）服务，主要客户是天猫、淘宝、阿里云和华数，同时也是杭州市政府唯一的数据中心提供托管服务商，其在浙江的六个数据中心之一就布局于云栖小镇。在云计算服务领域，华通云数据公司率先在全国提供政务专有云服务，是浙江省政府、杭州市政府、丽水市政府政务专有云服务的提供商，为政务信息化、智慧城市系统搭建专有云计算平台，提供计算、存储、数据库等综合服务。同时，华通云数据公司结合专有云和公有云的特点和优势，以IaaS（基础架构即服务模式）层云资源为切入点，结合SaaS（软件即服务模式）应用和技术服务等增值业务，为企业提供云计算服务。此外，依据与阿里云签署的《建立紧密合作伙伴关系战略合作备忘录》，华通云数据公司将继续加强与阿里云在云计算平台方面的全面战略合作，诸如发展"安全云、数据库云、企业云、媒体云、保险服务云"等云应用服务平台。华通云数据公司提供互联网资源加速服务业务，与淘宝、天猫、微信、百度等100个主要网站（ICP）互联互通，也与阿里云、腾讯云、百度云、金山云等主要云计算平台互联互通，从而实现与数百万个构建在云计算平台上的网站的互联互通和汇聚，建成全国最大的互联网资源中心，以及利用互联网资源中心构建了全国广电网络宽带最大的出口中心（NAP点），为浙江、河北、福建、广西、甘肃、天津、北京等全国20多个省市广电网络提供互联网宽带出口服务。2016年底，浙大网新科技股份有限公司完成了对华通云数据公司的收购，将其纳入浙大网新全资子公司，收购华通云数据公司能够与浙大网新现有的智慧城市、智慧商务、智慧生活、人工智能等相关业务形成良好的协同效应，并进一步确立了浙大网新在中国云计算基础设施领域的领航者地位。浙大网新通过华通云数据公司开展IDC云数据中心的建设运营，为大数据的储存、分析、运维与管理提供后台支撑和保障，为公司构建完备的互联网服务体系奠定基础，同时进一步提升公司盈利能力，为各类用户及合作伙伴创造更大价值，成为国内一流的云服务提供商。

云栖小镇的定位是"创业创新第一镇"，因此近年来大力发展云计算、大数据和智能硬件产业，希望能够成为引领全国信息科技的特色小镇。2015年以来在大项目引进、产业生态建设方面做了大量工作，取得了良好成效，2015年引进各类企业201家，其中涉云企业158家，1—11月，实现工业销售产值19.12亿元，完成目标数的102.63%。固定资产累计实现12.6亿元，完成年度任务的40%；其中完成工业投资4.50亿元，完成率70.8%。实现财政总收入1.88亿元，同比增长35%，地方财政收入9420万元，同比增长33%。地方财政收入完成目标数的116%。[①]

第二节　构建高效的研发团队，引领科创的"云栖"之路

中共杭州市委、市政府主要领导曾经在云栖小镇成立之初就强调，要深入实施"一号工程"，目标是把云栖小镇打造成为"中国硅谷"。围

---

① 《云栖小镇创新"云"驱动　魅力尽显》，http://www.zjly.gov.cn/。

绕这一目标，汇聚全球的优质人才和资源，促进杭州经济的转型升级、结构调整、提质增效。为贯彻落实好这个目标，云栖小镇也制定并实施行了相关的措施，其中的典型举措就是正在着力构建的"创新牧场—产业黑土—科技蓝天"创业创新生态圈。

一、创新牧场

发展信息科技，需要富有创新创业精神的顶级人才。当然，云栖小镇也不例外，在其创立和发展过程中，已经集聚了一批创新创业的顶尖人才，特别是阿里巴巴集团CTO王坚院士，鸿海集团总裁郭台铭，西湖大学创始人施一公校长、张辉博士，阿里云总裁胡晓明，银杏谷资本总裁陈向明等。围绕着他们，一批批富有创新精神和情怀的创业家不断涌入云栖小镇，共同致力于把云栖小镇打造成中国未来创新的第一镇。

王坚，曾为浙江大学心理学系教授，担任浙江大学心理学系系主任并兼任浙江大学工业心理学国家专业实验室主任，入选浙江省"151"人才工程。1999年，王坚加入微软研究院，之后担任微软亚洲研究院常务副院长，负责用户界面、机器学习、大规模数据处理等研究及北京adCenter实验室，曾负责研究微软广告平台的相关技术及无缝个人计算，以及与数据驱动软件相关的关键技术和系统。其负责研发的SQM及Watson的大规模数据处理系统被用来帮助Office 2007以及几十个微软产品的开发，主持发明的数字墨水科技已经应用在了Tablet PC、Windows Vista及之后的Windows产品中，王坚领导的小组还发明了支持亚洲语言的无模式切换用户界面，世界上首个手写数学公式识别器等。2008年9月，王坚加盟阿里巴巴集团担任首席架构师一职，帮助阿里巴巴集团建立世界级的技术团队，并负责集团技术架构以及基础技术平台建设。2009年7月，他又被指派为阿里软件的首席技术官。2016年，时任杭州市市长张鸿铭向王坚博士颁发了"云栖小镇名誉镇长"称号。

张辉，美国加州大学伯克利分校电子工程学博士，北京创毅视讯科技有限公司创始人、董事长兼CEO，移动多媒体技术联盟（Mobile

Multimedia Technology Alliance, MMTA）秘书长兼技术规划组组长、"千人计划"专家联谊会副会长、"千人计划"（创业）第一批入选者，曾获国务院授予的"科技进步一等奖"。在美国期间，张辉曾就职于朗讯贝尔实验室（Bell Lab），负责研发基于32位CPU及DSP核的超低功耗可重构CPU架构，并开创性地用以实现多媒体数据驱动的并行处理，这一研究被广泛应用于新一代移动通信数据处理芯片。回国创业期间，张辉作为共同创始人创立了北京中星微电子有限公司，这也是第一家在纳斯达克上市的中国芯片设计公司。2015年，张辉和西湖大学的其他七位专家一起正式向中国国家领导人提交《关于试点创建新型民办研究性的大学的建议》，并获得支持。2015年12月1日，位于云栖小镇的西湖大学正式在杭州注册成立。

二、产业黑土

"产业黑土"是实现传统企业经济转型升级的重要资源，它是通过建设西湖创新研究院、互联网工程中心等，在服务企业方面发挥着极大的作用。在云栖小镇，大企业的引领作用被充分发挥，阿里、富士康、英特尔、中航工业、洛可可等一流企业云集，输出核心能力，为中小微企业打造创新创业服务的"基础设施"。

2015年3月，富士康与阿里云在云栖小镇合作推出"淘富成真"创客平台合作计划。"淘富成真"主要针对智能硬件创业项目，整合提供富士康工业4.0的设计、研发、专利、供应链、智造能力，阿里云的云计算平台和大数据处理能力，以及天猫与淘宝的互联网营销和电商支撑平台能力。目前，富士康旗下的九大"次集团"和八大智造平台，以及数千名工程师已全面入驻云栖小镇。所谓"次集团"，大体相当于富士康旗下的事业部，这些事业部彼此相对独立，产品线涵盖了手机与可穿戴设备、平板电脑、车联网与传感器、笔记本电脑、电视家电、服务器、通讯与智能家庭、精密连接器、医疗健康等领域；八大智造平台为专利平台、投资平台、物流平台、跨境电商平台、检验与测试平台、快速打样（NPI）平台、智造平台、供应链与采购平台。

　　显而易见，阿里云的强项是云计算、智能操作系统以及电子商务、支付等与互联网相关的服务。对创业企业来说，硬件产品要想智能化，最基础最省力的办法就是上"云"。阿里云会将行业解决方案产品化，结合应用场景给出云计算全链路的架构和解决方案；一键式开通针对性的云服务套餐，一站式开通域名和备案服务；提供定期定量的免费试用套餐、售前售后的专属技术支持、云端数据挖掘产生增值服务。

　　阿里的YunOS则能提供智能设备接入IOT SDK，基于云端，实现YunOS账户、支付、语音控制等数据互联互通；基于web的开发者平台，快速生成跨终端控制App及服务卡片，帮助开发者接入更多智能设备；提供智能设备接入云服务平台的协议标准。

　　英特尔的"创客空间"于2015年9月落户云栖小镇，为云栖小镇的发展又增添了动力。"创客空间"主要具备三项功能：一是从处理器到电路板，从计算平台到模块，能够将英特尔面向创客的最先进产品进行全面展示；二是集中展示诸如智能花瓶、智能茶杯、智能机器人等各种基于英特尔产品的创客解决方案；三是引进英特尔硬享公社平台，创客们可以享受线上线下资源融合于一体的技术支持，同时还邀请全球顶尖的英特尔工程师开办免费培训课程，内部配备手把手教学的操作空间，创客们可以在空间内对有关设计、开发、技术等问题进行咨询。

　　2016年3月，云栖小镇又成立了孵化明星创客的创新平台"创星基地"。"创星基地"主要针对相对成熟的创业项目，申请者需满足产品为智能硬件或创新潮品、产品已经上市或即将上市、已申请商标、具备公司资质、团队具备技术实力等初选条件，入选后可享受由阿里巴巴潮电街提供的平台资源，为"淘宝众筹+淘宝销售"的产品上市提供完整渠道服务，也可享受洛可可提供的创新设计、品牌策略、供应链、互联网营销，以及天猫与淘宝的卖家分销渠道、供应链服务商等多种服务，将价格的破坏者转变为价值的创造者。一个"淘富成真"平台上的项目实例可以充分说明领袖企业对于创新创业的重要意义。某预防儿童近视的智能笔项目，通过"淘富成真"得到了富士康从关键零组件、科技整合到设计的完整服务，最终产品的重量由25克减轻至10克以下，笔长缩短6毫米，更加适合儿童长时间使用，从而具备了迈向国际市场的能力。"淘富成真"平台已进行41场路演，308家全国智能硬件创新企业参加，55家已入驻。云栖小镇名誉镇长、阿里巴巴集团CTO王坚曾有过这样的展望：云计算，让每一个开发者都能与大公司站在同一起跑线上，让传统企业也拥有和互联网企业一样的创新能力。而云栖小镇的创立和未来发展趋势表明了王坚镇长的展望终将会变为现实：云栖小镇正在吸引领袖企业在此搭建一个个基础设施平台。

云栖小镇为加快产业集聚，从活动入手搭建产业交流平台，举办了云栖大会、云栖逐梦沙龙、创新企业论坛会、人才交流会等数十场活动。利用活动期间企业集聚度高的特点，强势开展招商引企，特别是在云栖大会期间，出动了展位、论坛、赛事、现场、服务等五个小组，分发宣传册、宣传折页、名片6000余份，收集项目信息1318条，洽谈客户500余家，其中包括对219家参展企业进行定向招商洽谈，取得了明显成效，与青岛环球购电子商务有限公司等123个项目达成初步入驻意向。同时，小镇也承担了"发现双创之星""飞天奖"颁奖典礼等国家级活动，在全国取得了广泛的影响力。

在"大众创业、万众创新"大潮中，由于大陆经济快速发展和两岸经济文化交流不断深入，越来越多台湾青年希望能来大陆发展。2015年11月26日，西湖区云栖小镇国家级"海峡两岸青年创业就业交流基地"正式挂牌，这是杭州获得的第四块国家级两岸交流基地。正是云栖小镇具备成熟的政策配套、新颖的园区理念、过硬的硬件设施和丰富的人才聚集，这次申报才能顺利并获得成功。与此同时，富士康等企业入驻以及众多台湾青年才俊在园区工作生活，有效地促进了海峡两岸青年创业就业交流，很好地推动了各方创业的成功。陈信是台湾卫风科技的创始人，他说："现在台湾的年轻人也都很想创业。作为新创公司，云栖小镇的资源比台湾多。跟淘富成真合作，通过淘宝众筹，能了解大陆消费者的真实需求。"

三、科技蓝天

"科技蓝天"方案就是在云栖小镇建一所由国家千人计划联谊会筹备发起的国际一流的私立研究性大学——西湖大学,这是我国历史上第一所民办的,含理工、生命等多个学科的小型、综合性的高等研究院。纵观世界近代科教发展史,与公立大学相比,民办大学具有其自身显著的优势特长,由于其灵活多样、注重创新精神的培育而展示出巨大的实力优势;哈佛、耶鲁、普林斯顿、麻省理工、斯坦福大学等一批民办名校不仅培养出包括众多诺贝尔奖得主在内的一代代优秀学者,还成为科技密集型经济发展的引擎,在全球经济、科技发展中占有举足轻重的地位。近年来,我国积极在现有公立大学的基础上,通过各种有益的尝试不断地探索适合我国国情的,兼容并包、百花齐放的教育体制和科研模式。但我国的民办高等教育主要以职业技术教育为主,还未曾在前沿科学研究和高技术领域的高层次人才培养方面进行尝试。因此,可以说西湖大学的创办是一次突破传统办学思想的大胆尝试和有益探索,为今后的教育办学创造了一种新的思路。在国家和各级政府的支持下,企业家的慷慨资助下,志同道合的千人专家的群策群力下,西湖大学寄托着社会各界的厚望,承载着一代人的梦想,扬帆起航。正如全国政协副主席韩启德所指出的:"西湖大学不会是中国的普林斯顿,而是新形势下的西南联大……这样才是中华民族的伟大复兴,我们国家发展到今天,需要这样一所大学。"

根据杭州市政府与国家"千人计划"专家联谊会签署的战略合作协议,西湖大学由国家"千人计划"专家或其他顶尖人才领衔组建相关院系。

西湖大学计划办成一所顶尖大学,聘请全球一流的教授、专家来上课。学校有一张三年蓝图,先招博士生,偏重理工科,随后面向本科生。目前看来专业设置的目的性很强。施一公教授、饶毅教授团队结合之江医院,陈十一教授、潘建伟教授团队对接云栖小镇中航工业项目。施一公指出："在中国，民办高等教育近些年蓬勃发展，但是目前还是以技术为主，基础科研领域的高层次人才培养的空白的填补，需要一代代人携手完成。"

第三节　发挥科创的"蝴蝶效应"，培育产业"新苗"

从产业引进的视角来看，规划特色小镇过程中，引进产业链布局的龙头企业和核心企业是产业基础架构搭建的关键，并以此来促进中小企业创新创业。云栖小镇的建设目标是富于科技人文特色的中国首个云计算产业生态小镇，其特色在于构建"共生、共荣、共享"的生态体系。云栖小镇以阿里云平台为基础，全力扶持云上创业创新的企业和团队，集聚包括游戏、移动互联网、App开发、电子商务、互联网金融、数据挖掘等细分领域的优秀创新性科技类企业，引进风头创投基金机构，打造完整的云计算产业链。

第一，在云栖小镇，最为重要的内容就是实现产业聚集，而如何实现产业聚集，其主要原因不在于设施共享和成本分担，而是出于人与人之间面对面的合作需求。正是彼此之间具有协作的愿望，所以才能很好地实现产业聚集。例如数梦工厂和政采云两家企业，因为其核心业务使用了阿里云数据的底层构架，企业工程师需要长时间与阿里云工程师协同工作，由此才随阿里云一同入驻云栖小镇。

第二，在云栖小镇，产业聚集的要素类型包含了多个维度，例如一些龙头企业、孵化平台、科研机构，它们并不一定位于同一产业链的上下游，交易成本内部化的对象也从实物形态的中间产品转变为更加虚拟的咨询、检测、推广等中间服务。云栖小镇不仅拥有阿里云、富士康、洛可可等一批领袖型企业，淘富成真、创星基地、五叶草众创空间等创新创业平台，也聚集了银杏谷资本这样专门投资小镇项目的民营资本，还将推出由省市经信委牵头、阿里和富士康联手成立的"云栖基金"；西湖大学招收的博士研究生参与的科研项目也将直接与中航工业和之江医院相对接。

第三，在云栖小镇，创客是其至关重要的组成部分，云栖小镇的成立为创客们提供了诸多的服务项目和咨询指导。产业聚集的对象不再仅限于企业，更重要的是汇集了大量创客群体，为其提供了竞争、成长、更替的市场环境，营造了一种自由竞争、充满活力的创新营商环境。创客视野开放、组织灵活、与用户需求联系紧密、试错成本较低，往往能够第一时间捕捉到新的创意和商机，可谓是产业生态圈的"先锋物种"。

第四，在云栖小镇，产业聚集形成了合理的生态体系功能分区。根据产业生态链的发展模式，云栖小镇划分出"云服务区""就业创业区""就业创业服务区""创业成功发展区"四个分区，组成云计算产业生态体系，构建了一个从想创业、始创业、创业中、创成时、创成后的完整的创业服务生态链，形成"易就业、易创业的生态体系"。

在杭州，梦想小镇和云栖小镇都是重要的特色小镇，它们都定位于互联网创业，但二者有所不同。例如，前者侧重创客的初期培育，重点对接大学生创业和天使基金；后者侧重创客的市场辅导，仅在淘富成真平台上，一年时间便举行了30多场项目路演，吸引了300余家创客企业，整个小镇基本形成由优秀创客项目常态化征集、杰出创客项目重点孵化、成熟创客产品商业价值转化构成的"创客项目生命全链路支持体系"。随着云计算产业集聚效应的产生，小镇又紧紧围绕创新创业，构建"创新牧场—产业黑土—科技蓝天"的创新生态圈，推动产业发展。

富士康旗下九大次集团和八大智造平台，以及数千名富士康工程师已全面入驻云栖小镇，为创业者提供知识产权保护、检验检测、工业设计、生产制造等全链条服务，并与创业者无缝对接。"淘富成真"项目组每周都会举办创业者见面会，来自全国各地、致力于智能硬件领域的创业团队依次展示自己的产品与实力，并和阿里、富士康、银杏谷等公司代表一起探讨合作可能性。阿里巴巴集团CTO王坚指出，就制造业而言，如果把富士康的能力开放出来，就可以提升整体的创新水平，与此同时阿里也开放一切和互联网相关的服务，比如云计算、智能操作系统以及电子商务、支付等。

第四节　以点带面，推动浙江产业转型

"中关村不是村，云栖小镇不是镇。"随着计算经济时代和信息社会的到来，我们看到大数据和云计算已经渗透到社会的各个领域，其中最为显著的是几乎所有的互联网信息技术产业的软件和芯片开发，都离不开大数据和云计算。滨江区76%的信息技术产业，包括海康、大华、华三、东方通讯、聚光、宏杉等大企业，从十几亿元到几百亿元产值，核心竞争力都来自数据和计算的软件。大数据具有极其强大的计算能力，因此可以预见这些企业未来发展的一致方向就是极具发展潜力的大数据。两化融合的新制造、智能制造，一个重要路径就是软件和芯片嵌入式，最终还是硬件产品。换而言之，未来的制造业，已经无法离开数据和计算了。深度转型升级的关键在于两化融合的制造业，在于计算能力更强的数据处理和应用软件的开发。从这个意义上说，计算经济确实已经呼之欲出，确实已经愈来愈近，"石油是要去垄断的，而计算经济是可以被彻底分享的"。

在信息技术如此发达的时代，传统企业已无法脱离互联网而存在了，因此当传统企业在走向"互联网+"的转型之路时，我们不得不思考：它们究竟如何向"互联网+"转型？2015年7月22日，在阿里云的"云栖大会"上，阿里云云计算业务总经理刘松给出这样的答案："互联网+，'+'里面的横，代表的是云计算能力的基础设施，竖则代表具备垂直行业的解决方案。"两者组合，就是传统企业通往"互联网+"的转型之路。阿里云可以提供"横"，而云栖小镇则负责提供"竖"。云栖小镇是在阿里集团CTO王坚倡议下成立的一个联盟，包括中软、易华录、恒生、中国电信、华数、埃森哲等众多企业——它们可以提供政府、金融、电信、能源等行业的垂直能力，他们搭建了阿里云服务于传统产业的云生态。不过，这些布局只是阿里云的起点。传统企业在向"互联网+"转型升级之后，就具备互联网企业的诸多特性，比如更具开放性、灵活性、扁平性。随着这些传统企业进入互联网，"他们会在互联网上留下轨迹、数据"，阿里云总裁胡晓明认为，"2～3年之后，大家会看到"互联网+"的成果，传统产业的转型会推动数据产业的蓬勃发展"。

整个互联网的能源是数据，可以说没有数据的存在和处理，互联网就无法正常运行，互联网经济也就难以发展。"BAT模式"之所以能够获得成功，主要归功于借助了互联网用户的授权数据。2015年的首届云栖大会邀请了全球主要云服务商和各大互联网巨头公司，其中包括Intel、HTC、Docker、SK、PCCW、Singtel、HERE等顶尖企业；超过3000家云上企业全景展示云上生态的变革和创新，200余家展商展示云计算最前沿创新成果。量子力学、人工智能、生物识别、深度学习等最前沿的科技创新力量首次在大会上亮相。更有约150位国内外业界专家发表主题演讲，多维度解读云计算时代的"互联网+"创新与创业。智慧城市、物联网、医疗健康、创投等多个热门领域都被纳入到会议讨论当中，会上所展示的都是基于云计算的人脸识别、大数据分析和智能硬件制造等行业新兴热点议题。

云栖大会并不是传统意义上的一个简单的会议，而是集创新、创业大平台和大数据产业于一体的合作平台，它折射出了数据处理技术时代产业蓬勃兴起的一面。马云如此说："我们要成为别人梦想的支撑，阿里云计算、阿里云栖大会、阿里云整个理念，是要把阿里巴巴积累的数据、计算的能力以及云的一切，分享给大家，分享给无数追梦者、创业者，能够让他们的梦想成真。"从一开始的只关注产品技术本身，到后来的将技术和服务同等看待；从最初的客户应用到如今的云端生态建设，云栖小镇在不断突破传统、创新设计，全方位展示云计算最新应用和实践成果，成为引领云计算行业创新发展的风向标。数据和计算，就像水、电、煤、油一样，一旦大众创业创新的热情被点燃，作为公共服务资源和基础设施的计算经济浪潮，又怎会不一浪高过一浪地涌来？"拥有大数据，掌握云计算，就拥有大未来。"李强的总结概括，更是为王坚院士的计算经济阐述画龙点睛。浙江是大数据和云计算的起点，更是制高点，即便放眼全球，也可以与欧美等发达国家比肩。今天，在大数据和云计算领域，浙江又一次率先走在前列，又一次获得千载难逢的机遇，又一次迎来新的大发展。

第三章　特色小镇的发展亮点

阿里云的发展历程可以说是见证了数据和计算的奇妙。与此同时，杭州培育新动力、发展信息经济的资源禀赋和巨大潜力也通过阿里云全方位地展现出来。通过资源整合、项目组合、产城融合，实现小空间大集聚、小平台大产业、小载体大创新，将比较优势转化为竞争优势、将先发优势转化为产业优势，推动形成新的创新源和经济增长点。

第一节　互联网服务模式和效应分析
——以阿里云计算有限公司为例

阿里云创立于2009年，是中国的云计算平台，服务范围覆盖全球200多个国家和地区。"未来互联网经济，有云才有创新。"阿里云致力于为企业、政府等组织机构，提供最安全、可靠的计算和数据处理能力，让计算成为普惠科技和公共服务，为万物互联的DT世界，提供源源不断的新能源。[①]正如马云在2015年中国（深圳）IT领袖峰会上所指出的："过去七年我们从互联网创业到互联网产业，很快进入互联网经济，而且正在从IT走向DT时代……DT不仅仅是技术提升，而是思想观念的提升。IT以我为中心，DT以别人为中心，DT要让企业越来越强大，让你员工

---

① 阿里云计算有限公司，http://wiki.mbalib.com/wiki/from=singlemessage。

强大。DT越来越讲究开放、透明。"①

一、阿里云服务模式

在互联网产业领域，阿里云的主要目标是提升运维效率，降低IT成本，从而让使用者更专注于核心业务发展，这也是阿里云一直以来的奋斗方向。浙江省前省长李强在为王坚《在线》一书所作的序言中指出："互联网定义为基础设施，将数据定义为世界的新财富，将计算视为一种公共服务。"阿里云于2009年成立，在它成立之初，公司就定下了符合自身定位和特色的企业战略目标，那就是"以数据为中心的云计算"。

阿里云独立研发了"飞天"开放平台（Apsara）。"飞天"是一个操作系统，最重要的功能就是负责管理数据中心Linux（操作系统）集群的物理资源。它控制分布式程序运行，隐藏下层故障恢复和数据冗余等细节，从而将数以千计甚至万计的服务器联成一台超级计算机，并且将这台超级计算机的存储资源和计算资源，以公共服务的方式提供给互联网上的用户。②

"飞天"是亲近水的一位神的名字，是可以为人们带来幸福和吉祥的神。和"飞天"一样，系统中的各个模块也被赋予了上古诸神的名字：分布式文件系统是开天辟地承载一切的基础之神——盘古；负责任务调度和资源管理模块的是占卜和预测之神——伏羲；从底层上监视和处理导致集群性能下降的集群诊断系统——华佗；负责网络连接的模块——夸父；监控系统——神农；集群部署——大禹……

在"诸神"协作之下，"飞天"负责管理数据中心Linux集群的物理资源，控制分布式程序进行，并隐藏下层故障恢复和数据冗余等细节，有效地提供弹性计算和负载均衡的服务。而数千节点规模之下，无论是系统的打造还是扩容都面临着众多技术挑战，平台的各个模块在规模性能、高可

---

① 马云：《我们正从IT时代走向DT时代》，http://tech.hexun.com/2015-03-22/174286222.html。
② http://baike.baidu.com/link?url=Vsz9—jsBmGK6f6lYOb6SWEuTTgPfLeHNRvOvIOCZalsG-_H1HdXXp_tNE7Wyncq3HMf0cbb4pS-oCWjgqEXYRvmP884YrDoM6USsmSPCRy。

用性以及可运维性等方面，都做了大量的改进和优化。

盘古，在内部架构上采用Master/ChunkServer（主盘/块服务器）结构，Master管理元数据，ChunkServer负责实际数据读写，通过Client（客户机）对外提供类POSIX（可移植操作系统接口）的专有API（应用程序接口）。在集群扩展到5K规模之后，迎来新的挑战，主要可分为两个部分。首先是盘古MasterIOPS（每秒进行读写操作的字数）问题，因为更大的集群意味着更多文件和更多访问，上层应用对存储亿级文件和10亿级文件集群的IOPS是有显著区别的。同时更大规模的集群让快速发展的上层应用看到了更多可能性，导致更多业务上云；存储更多数据，也间接导致了对IOPS的更高需求。另外一个与规模相关的问题就是盘古Master冷启动速度，更多的文件和Chunk（块）数导致更长的冷启动时间，影响集群可用性。

伏羲，"飞天"平台的分布式调度系统。在5K攻坚中，从设计到实现每一步都可能存在性能"陷阱"，原因主要在三个方面：规模放大效应，当节点数增大到数千个时，系统中原本不是瓶颈的与规模成正比的环节，其影响会被放大；木桶效应，未经优化的那一小部分很可能成为影响系统性能的致命瓶颈；长路径模块依赖，被依赖模块性能的不稳定性最终会影响某个请求处理模块的性能和稳定性。

华佗，运维的模式随着5K的到来发生了很大的改变，在解决实际问题的过程中，华佗应运而生，上通"飞天"系统，下达各种运维系统。其架构足够健壮、简单和开放，产品工程师可以很方便地将自己丰富的运维经验转换成华佗的插件。华佗可以针对各种异常情况，进行故障磁盘管理以及系统异常处理，产品工程师也可以通过它做流程和管理的自动化工作。同时，不必再做几分钟的快速人工恢复，而是在故障设备积累到一定量后批量地做替换，大量地节省了人力成本。

我们都知道，信息技术需要不断地更新升级，才能满足用户的需求，因此经过多年的技术攻关，数次更新换代，"飞天"系统不断地得以完善，它支持比 MapReduce（一种编程模型，用于大规模数据集的并行运算）更加灵活的数据驱动的多级流水线计算框架以及服务框架，而且电子邮件、搜索、地图、数据处理等众多功能都能够在这个一体化的平台上实现，这些功能都共用同一个底层。除阿里外，目前世界上只有谷歌能够做到这一点。

当前，阿里云开放了一批云计算服务，主要包括了弹性计算服务、开放存储服务、关系型数据库服务、开放结构化数据服务、负载均衡、云盾、云监控等。

1.弹性计算服务（Elastic compute service，ECS）

它主要包含三个方面：云服务器、云引擎和弹性伸缩。

（1）云服务器（cloud server），这是一种简单高效，处理能力可弹性伸缩的计算服务。它能够帮助开发者快速构建更稳定、安全的应用。

在数据中心的内部，大量的计算节点和存储节点可以将物理资源整合为一个整体，它们主要是通过飞天分布式计算系统来实现的，上层通过 XEN 虚拟化技术，对外提供弹性计算服务。ECS 包含两个重要模块：计算资源模块和存储资源模块。ECS 的计算资源指 CPU、内存、带宽等资源，主要通过将物理服务器（宿主机）上的计算资源虚拟化，然后再分配给云服务器使用。云服务器的存储资源采用了飞天的大规模分布式文件系统，将整个集群中的存储资源虚拟化后对外提供服务。用户数据在集群中存储多个副本，任意一份副本损坏后系统都可以自动恢复出多个副本，使用户数据的可靠性达到 99.999%。用户可以使用 SSH（ECS 为 Linux 系统）或者远程桌面（ECS 为 Windows 系统）直接远程登录并管理云服务器。

在大规模集群中，即使是小概率的硬件故障也会成为必然事件，并且具有一定程度的破坏性。当宿主物理机发生故障时，ECS 能够自动迁移至云服务器，并且将其数据恢复到最后一刻的状态，既为用户屏蔽了硬件故障，又能保障用户业务的连续性。

ECS 还支持快照（snapshot）功能，除第一次快照为全本快照外，之后均为增量快照。用户可以根据业务需要，设置创建快照的策略。有了快照之后，用户可以方便地将云服务器快速回滚到之前的任一快照版本。通过快照功能，用户可以将某一台云服务器上的当前快照作为自定义镜像，并基于此快速恢复基础环境或者批量部署集群，提高运维效率。

ECS提供了安全组（Security Group）的机制，用来隔离不同用户的云服务器或同一用户的多个云服务器，对于伪造MAC、伪造IP、ARP欺骗等的攻击破坏，它可以有效阻止这些软件的攻击。同一安全组内的云服务器之间的网络是互通的，但不同安全组的云服务器之间并不能实现互联互通，而是彼此相隔离的。用户可对某个安全组配置防火墙规则，也可通过自定义防火墙规则允许各安全组之间的流量。一个安全组可以包含多台云服务器，一台云服务器也可以隶属于至多五个安全组。

云服务器主要面向中小企业用户与高端用户提供基于互联网的基础设施服务，这一用户群体庞大，且对互联网主机应用的需求日益增加。该用户群体具备如下特征：业务以主机租用与虚拟专用服务器为主，部分采用托管服务，且规模较大；注重短期投资回报率，对产品的性价比要求较高；个性化需求强，倾向于全价值链、傻瓜型产品。传统的服务器对于用户来说，会造成一些难以避免的问题，例如成本、运营商选择等诸多因素所造成的困境，而弹性的云计算服务器的推出，则有效地解决了这一问题。

（2）云引擎（aliyun cloud engine，ACE），是一个基于云计算基础架构的网络应用程序托管环境，它可以帮助应用开发者简化网络应用程序的构建和维护，并可根据应用访问量和数据存储的增长进行扩展。ACE支持PHP，NODE.JS语言编写的应用程序，支持在线创建MYSQL远程数据库应用。

系统自带常见应用模板。开发人员可以将自己的应用做成模板，发布其应用给其他人使用；站长可以从模板库中在线创建应用，即可自己进行网站运营。因此，开发者能进行快速开发和部署服务端应用程序，调试信息输出，简化系统维护工作。同时，ACE搭载了丰富的分布式扩展服务，为应用程序提供强大助力。它提供了分布式session、分布式memcache、开放存储、消息队列、计划任务等多种服务，让开发者可以更多关注业务开发，降低开发者的开发成本，其整体架构的可靠性高。

（3）弹性伸缩（auto scaling），是一种管理服务，这种服务根据用户的业务需求，可以实现自动调整弹性计算资源。弹性伸缩不仅适合业务量不断波动的应用程序，同时也适合业务量稳定的应用程序。它不仅可以监控使用者的集群，随时自动替换不健康的实例，节省运维成本；而且还可以管理集群，在高峰期自动增加ECS实例，在业务回落时自动减少ECS实例，节省基础设施成本。此外，与SLB/RDS紧密集成，自动管理SLB后端服务器和RDS白名单，节省操作成本。

从阿里云的弹性伸缩功能看，其根据客户业务需求横向扩展ECS实例的容量，即自动增加和减少ECS实例。支持SLB负载均衡配置，在增加或减少ECS实例时，自动向SLB实例中添加或移除相应的ECS实例。支持RDS访问白名单，即在增加或减少ECS实例时，自动向RDS访问白名单中添加或移除该ECS实例的IP。

从产品的优势看，AS可以根据需求"恰到好处"地分配资源，而无须担心需求预测的准确性，无须担心突增的业务变化。它无须人工干预，自动创建和释放ECS实例，自动配置SLB和RDS访问白名单。此外，AS还能智能调度应对各种复杂场景，通过API方便对接外部的监控系统；AS还可以多模式兼容，可同时配置定时、动态、自定义、固定、健康模式。

2.开放存储服务（open storage service，OSS）

它是阿里云对外提供的云存储服务，具有显著的优势：海量、安全、低成本、高可靠性。用户可以通过简单的REST接口，在任何时间、任何地点上传和下载数据，若要对数据进行管理，也可以使用WEB页面。同时，OSS提供Java、Python、PHP SDK，简化用户的编程。基于OSS，用户可以搭建出各种多媒体分享网站、网盘、个人企业数据备份等基于大规模数据的服务。

OSS可以理解为一个即开即用、无限大空间的存储集群。它具有相比传统自建服务器存储所不具备的几大优势：①稳定。原先自建服务器存储可能会出现难以挽回的数据丢失问题，主要是因为其受限于硬件可靠性，一旦磁盘坏道，就容易出现问题。人工数据恢复困难、耗时、耗力。OSS服务可用性高达99.9%；系统规模自动扩展，不影响对外服务；数据三重备份，可靠性达到99.99999999%。②安全。原先自建服务器存储清洗和黑洞设备需要另外购买，价格昂贵；安全机制需要单独实现，开发和维护成本高。OSS多层次安全防护和防DDoS攻击，支持跨区域复制、异地容灾机制；提供多种鉴权和授权机制及白名单、防盗链、主子账号功能。③大规模、高性能。原先自建服务器存储一次性投入高，资源利用率很低；存储受硬盘容量限制，需人工扩容；单线或双线接入速度慢，有带宽限制，峰值时期需人工扩容；需专人运维，成本高。而OSS具有海量的存储空间，随用户使用量的增加，空间弹性相应增长，并能支持同时间内高并发、大流量的读写访问。同时OSS还提供图片处理功能，对存储在OSS上的图片，支持缩略、裁剪、水印、压缩和格式转换等图片处理。①

3.关系型数据库服务（relational database service，RDS）

它是阿里云提供的一种在线数据库服务，具有稳定可靠、可弹性伸缩的特性。RDS采用即开即用方式，并提供了数据库在线扩容、备份回滚、性能监控及分析等功能。RDS的目标是将耗时费力的数据库管理任务承担下来，使用户能够专心于应用开发和业务发展。

用户可根据业务需求对RDS进行弹性伸缩，RDS承诺99.95%的服务可用性和99.9999%的数据可靠性。当前RDS支持MySQL、SQL Server、PostgreSQL、Oracle等四种关系型数据库的访问协议。应用RDS可以减小重新开发成本，用户现有的数据库代码、应用等可直接应用在RDS上，效率更高、成本更低。

---

① 《开放存储服务》，https://www.bbsmax.com/A/kmzL2lnN5G/。

RDS功能具有以下特点。①防DDoS攻击。当RDS为公网访问时，阿里云安全体系会自动判断RDS是否正在遭受DDoS攻击，并启动流量清洗的功能，若攻击达到黑洞阈值或清洗失效，将会进行黑洞处理。②SQL注入告警。RDS会通过解析SQL语句，判断是否遭受SQL注入攻击，并提示修改应用程序。③IP访问白名单。白名单可以使RDS实例得到最高级的访问安全保护；建议设置访问源IP地址或者IP段，最多设置1000个。④将数据迁移至RDS。RDS for MySQL提供在线迁移数据的方式，可以在不停止原有数据库运行的情况下完成数据迁移操作；RDS for SQL Server提供上传备份文件迁移至RDS的迁移方式，可便捷地完成数据的导入操作。⑤实例在线升级。RDS提供的在线升级服务，包括实例配置的升级和数据库版本的升级，升级过程无须用户介入。⑥系统性能监控。RDS提供近20个系统性能的监控视图，如磁盘容量、IOPS、连接数、CPU利用率、网络流量等，用户可以轻松查看实例的负载。⑦优化建议。RDS提供包括存储引擎检查、主键检查、大表检查、索引偏多、缺失索引等在内的优化建议，用户可以根据优化建议并结合自身的应用来对数据库进行优化，这样对用户来说更具针对性。⑧备份管理。RDS自动提供多重备份，同时RDS支持用户通过RDS管理控制台或OPEN API灵活变更备份的时间。⑨数据回溯。RDS通过备份和日志，用户可以选择7天内的任意时间点创建一个临时实例，临时实例生成后验证数据无误，即可将数据迁移到RDS实例，从而完成数据回溯操作。

4.开放结构化数据服务（open table service，OTS）

这是一种NoSQL服务，它主要的服务对象是结构化数据与半结构化数据，可以提供海量存储，并且具备实时查询功能，具有诸多特点，例如强一致、高并发、低延迟以及支持灵活的数据模型等优势。它有以下优势：①单表支持百TB级别的服务能力，保证稳定而快速的响应时间；单表的吞吐能力（CU）高度可扩展强一致的读写，确保读取的始终是最新值。②高可用与高可靠。基于飞天分布式操作系统，可用性达99.9%，数据可靠性达99.9999999%；单机故障自动恢复，磁盘故障对用户透明。

③易用。提供完整的API、控制台和SDK服务完全托管，只需要创建好表并设置好吞吐量，不用担心因为数据量增长而导致的分区问题；支持灵活的数据模型，属性列可扩展；数据列支持五种数据类型：整型、浮点型、字符型、布尔型、二进制型。④服务安全。

OTS有以下主要功能：①弹性资源预留：单表的预留读写吞吐量可以根据应用的需要，通过官网控制台或者API在一天内进行多次调整。②表和数据的操作：用户根据业务需求创建多个实例，并在实例下进行创建表、查询表、删除表等多种操作。数据的处理对于用户而言是十分重要的功能之一，因此对于表中的数据，OTS可支持单行读写、多行读写以及范围读取等操作。③实时监控展示：提供表级别数据大小、QPS、读写吞吐量实际使用情况及平均返回延迟值的实时监控。

5.开放数据处理服务（Open Data Processing Service, ODPS）

这是一种分布式处理能力，是由阿里云自主研发，针对的主要是TB/PB级数据，并且实时性要求不高。如今，它已应用于数据分析、挖掘、商业智能等领域。阿里巴巴的离线数据业务都运行在ODPS上。ODPS的功能主要有：①数据通道。一方面，该服务水平可扩展，支持TB/PB级别的数据导入导出，特别适合于全量数据或历史数据的批量导入。Tunnel提供了Java SDK，并且在MaxCompute的客户端工具中有对应的命令实现本地文件与服务数据的互通。另一方面，针对实时数据上传的场景，提供了另一套名为DataHub的服务。该服务特别适用于增量数据的导入，因为它具有延迟低、使用方便的特点。Datahub还支持多种数据传输插件，例如Flume、Fluentd、Sqoop等。②存储。所有数据均以表格形式存储，不暴露文件系统。并采用列压缩存储格式，用户因其具有极高的数据压缩比而能够节省大部分成本。通常情况下，MaxCompute存储具备五倍压缩的能力。同时，MaxCompute SQL采用标准的SQL语法，更高效的计算框架支持SQL计算模型，执行效率比普通的MapReduce模型更高。③计算。由于MaxCompute并没有开放文件接口，用户只能通过它所提供的Table来读写数据，因此MaxCompute的MapReduce模型与开源社区中通用的MapReduce模型在使用上有一定的区别。这样的改动虽然失去一定的灵活性，例如不能够自定义排序及哈希算法，但能够简化开发流程，免除很多琐碎的工作。更为重要的是，MaxCompute还提供了基于MapReduce的扩展计算模型，即MR2。在该模型下，一个Map函数后可以接入连续多个Reduce函数。对于某些复杂的迭代计算场景，例如K-Means、PageRank等，如果仍然使用MapReduce来完成这些计算任务将是非常耗时的。MaxCompute提供的Graph模型能够非常好地完成这一类计算任务。④安全。MaxCompute是一个多租户的计算平台，它具有很高的安全系数，用户在使用过程中可以放心使用。默认情况下，各租户间数据不共享，彼此隔离，但用户可以通过MaxCompute提供的授权机制将数据共享给其他人。

ODPS的优势在于：①超大规模计算及存储。适用于100GB以上规模的存储及计算需求，最大可达EB级别。②集多种计算模型于一身，支持比MapReduce更高级的有向无环图计算逻辑，计算更高效。目前支持的计算功能包括SQL、MapReduce、Graph以及MPI迭代类的算法。③高稳定性。在阿里巴巴集团内稳定运行达三年以上，支撑阿里巴巴集团几乎全部离线分析业务；每天支持10万个以上的计算任务，处理上百PB的数据。④极大降低企业使用成本。与企业自建私有云相比，成本更低。更高效的计算及存储能力能够降低企业20% ～ 30%的采购成本。⑤多层沙箱防护及监控系统有效保障用户数据安全。功能强大的授权功能使企业内部数据分享更加便利。

6.负载均衡（server load balance，SLB）

它是一种网络负载均衡服务，是针对阿里云弹性计算平台而设计的，在系统架构、系统安全及性能、扩展、兼容性设计上都充分考虑了弹性计算平台云服务器使用特点和特定的业务场景。

SLB服务主要由三个基本概念组成：Load Balancer代表一个SLB实例，Listener代表用户定制的负载均衡策略和转发规则，Backend Server

是后端的一组ECS。来自外部的访问请求通过SLB实例并根据相关的策略和转发规则分发到后端ECS进行处理。

SLB功能如下：①负载均衡支持四层负载均衡和七层负载均衡。四层负载均衡包含TCP协议和UDP协议，七层负载均衡包含HTTP协议和HTTPS协议，并针对HTTPS协议提供集中化的证书管理系统，满足用户的可靠传输、快速传输与安全传输等多样化需求。②负载均衡会定时检测后端云服务器是否正常运行，健康检查频率可自定义；负载均衡可以保证应用的可用性，因为它一旦检测到云服务器异常，就不会将流量再分配到这些异常实例。③负载均衡采用集群部署，各机器之间会话同步，支持热升级，机器故障和集群维护对用户完全透明；某些地域采用多可用区部署，轻松实现同城容灾；结合DNS使用还可支持全局负载均衡，实现跨地域容灾。④负载均衡支持加权轮询和最小连接数这两种调度算法，可根据自身需求选择相应的算法来分配用户访问流量，并支持设置后端服务器权重，使得流量调度更均匀，提升负载均衡能力。⑤四层负载均衡通过IP地址实现会话保持，七层负载均衡通过cookie支持会话保持，可将一定时间内来自同一用户的访问请求转发到同一个后端服务器上进行处理，实现用户访问连续性。⑥负载均衡可以提供满足不同用户需求的多种类型，例如，用户可根据具体业务特征选择经典网络下的公网和私网负载均衡实例或VPC网络下的私网负载均衡实例。同时，负载均衡也具有两种计费方式，分别是负载均衡经典网络公网实例提供的按流量计费与按带宽计费，用户可选择适合自己的计费方式。两种计费方式的实例都支持后付费形式，不需要该实例后可随时释放，真正满足用户的弹性需求。⑦用户可通过负载均衡管理控制台轻松实现负载均衡器的配置、释放等功能，也能够基于负载均衡Open API与负载均衡SDK等方式进行二次开发来实现单一负载均衡器的创建、配置与管理。

相对于传统硬件负载均衡器而言，第一，SLB可以对后端ECS进行健康检查，自动屏蔽异常状态的ECS，待该ECS恢复正常后自动解除屏蔽。提供会话保持功能，在Session的生命周期内，可以将同一客户端请求转发到同一台后端ECS上。第二，支持加权轮询（WRR），加权最小连接数（WLC）转发方式：WRR的方式将外部请求依序分发到后端ECS上；WLC的方式将外部请求分发到当前连接数最小的后端ECS上，后端ECS权重越高被分发的概率也越大。第三，支持针对监听来分配其对应服务所能达到的带宽峰值。第四，可以支持公网或私网类型的负载均衡服务。第五，提供丰富的监控数据，实时了解SLB运行状态。第六，结合云盾，提供WAF及防DDoS攻击能力，包括CC、SYN FLOOD等。第七，支持同一地域（REGION）跨数据中心容灾，结合DNS还可以支持跨REGION容灾。第八，针对HTTPS协议，提供统一的证书管理服务，证书无须上传后端ECS，解密处理在SLB上进行，降低后端ECS CPU开销。第九，提供控制台，运用API、SDK多种管理方式。第十，SLB具有高可用、低成本和安全等特点。冗余设计，无单点，可用性达99.99%；与传统模式相比成本下降60%，用户免费使用私网类型实例，无须采购昂贵的设备，免运维；LVS SYNPROXY技术具有防攻击能力，结合云盾提供防DDoS攻击，实行多用户资源隔离。

7. 云盾

云盾，为云服务器提供一站式安全增值服务，包括安全体检（网页漏洞检测、网页挂马检测）、安全管家（防DDoS攻击、端口安全检测、网站后门检测、异地登录提醒、主机密码暴力破解防御）等功能，适用于使用阿里云云服务器搭建的社区网站、企业官网、门户网站、电子商务网站、游戏等SaaS应用网站。尤其是云盾可以自动检测DDoS攻击特征，并根据攻击规模和策略设置进行流量清洗或者黑洞处理。

与传统IDC服务相比，云盾高防IP具有以下优势：①海量DDoS清洗。支持电信、联通、移动、教育网等八线独家防御；1000G+的DDoS清洗能力，可以防御SYN Flood、ACK Flood、ICMP Flood、UDP Flood、NTP Flood、SSDP Flood、DNS Flood、HTTP Flood、CC攻击；优质骨干网接入，全国延迟回到阿里云机房小于50ms。②全业务支持。支持云内/云外客户、TCP/UDP/HTTP/HTTPS、DDoS、CC；适合金融、电商、游戏、门户、媒体等各类业务场景。③HTTPS加密。支持HTTPS业务的DDoS、CC防御；HTTPS全链路加密（回源链路也加密）以及HTTPS私钥独享解决方案。④业界领先防御算法。防御游戏空连接、慢连接、恶意踢人攻击；采用IP信誉库、ip+cookie、ip+key防御CC攻击；建立全球僵尸网络库、神盾局攻击溯源功能。

阿里云产品与服务是对外开放的，主要是通过云计算基础平台的方式与外部共享，因此除了Web方式的管理控制台，用户可通过ECSRESTful API和多种语言版本的SDK来配置、管理、升级、监控云服务器，从而大大降低维护成本，提高运维响应速度，使云计算真正成为一种服务，用户能自由地按需使用、按需付费，在阿里云计算的平台上构建安全可靠、丰富多样、功能强大的应用，为海量用户提供优质的服务。

8. 云监控（Cloud Monitor System，CMS）

它是一个开放性的监控平台，可实时监控开发者的站点和服务器，并提供多种警告方式（短信、旺旺、邮件）以保证及时预警，为开发者的站点和服务器的正常运行保驾护航。

CMS具有以下功能：①提供站点监控功能，提供对http、ping、dns、tcp、udp、smtp、pop、ftp等服务的可用性和响应时间的统计、监控、报警服务。②提供云服务监控，提供对ecs、rds、slb、cdn、ocs、oss等云服务的监控报警服务。除此之外，CMS对用户开放自定义监控的服务，允许用户自定义个性化监控需求。

CMS所具有的优势在于：①提供对报警规则及报警联系人的统一、批量管理服务。CMS支持多报警方式：短信、邮件、旺旺、接口回调。②开放性。分布式节点技术支持多IDC接入；开放API保障其他云产品和服务的灵活接入；开放的规则和数据接口允许用户自定义数据监控。③网络优势。阿里云多IDC间内网数据传输，不占用客户公网资源，骨干网络多线接入，且能够多节点间实现可靠、高效的数据传输。④它是一个开放的平台，支持对业务数据的通用统计，从各个角度反映服务的运行情况。基于云平台的无限数据存储，CMS支持对历史数据的无限回溯，通过历史看未来，同时CMS支持灵活的可用性统计。

二、阿里云的特点分析

1.安全稳定

用户的数据安全是极其重要的部分，这也是用户在使用过程中最关心和重视的，阿里云有着行业领先的数据恢复机制，能够极大地保障用户数据的完整性。它可以完美实现自动宕机迁移、快照备份，同时RDS使用主备架构，可同城容灾及异地容灾，自带DDOS防护、木马查杀、防暴力破解等服务。千帆云定位于为全国地方网站、传统媒体、自媒体、垂直行业提供移动转型服务，目标客户量庞大，并散布全国各地，以三、四线城市居多。这意味着需要为服务对象开通大批量服务器且面临运营商无法统一的困难。而后，随着客户运营状况变化，24小时监控机制、灵活稳定的服务器资源调配、升降级数据的安全与留存，都是大家关心、重视更亟待消化的问题。此外，因为自建服务器有一定的维护技术要求，而自建一个拥有上述诉求的多线机房，从成本角度来考虑，还是面临着很多的压力。在阿里云的帮助下，云服务器配置可随数据变化快速变更，业务随时升级，暂停时间可控。通过镜像可以快速进行环境安装部署，批量管理。其弹性扩容属性，确保容纳更多数据，保障客户服务无障碍开展。

杭州跃兔网络科技有限公司开发了"神途"游戏，在该游戏起步之初，面对庞大的用户基数，常常会遇到一些意外事故，比如网络不稳定、莫名宕机、黑客攻击等，如今基于阿里云全方位的"云"支持，实现了游戏云编辑、多线云开发、高防云网关、高效云数据的"一条龙"服务。2014年跃兔网络的营业收入比2013年增长近三倍，达两亿多元，利润5000多万元。"有了'阿里云'，我们才有机会以最低成本、最快速度把游戏'云'化。"

2.弹性扩展

根据业务需要，在使用阿里云服务器的过程中可以动态地添加或者删减服务器，因此能够最大程度地节省成本，并且可以保证跟得上业务的发展需求。云梦网络[①]作为一款功能强大、简单易用的建站平台，为了实现海量的用户支持，在应用的最前端使用了SLB进行负载均衡；其后则根据用户的数量，逐渐增加挂载的ECS服务器，从而根据业务需要进行弹性配置。

阿里云的弹性计算，相对于传统IDC而言，具有诸多优势和特色，它可以解决计算、存储和网络资源线性扩容的系统问题，因此企业在业务高峰期只需通过点击鼠标就能完成一系列十分复杂的任务。微话云总机是一款为企业提供云通信服务的企业总机产品，具有不受地域限制、安装维护简单、终端丰富的优势，并且拥有座机呼叫转手机、语音导航、企业彩铃、电话录音、企业通讯录、电话会议等众多强大的功能。在使用云计算前，微话的服务需要大量服务器和盘阵来解决计算、存储和网络流量的问题，随着客户使用旺季到来和业务不断发展壮大，服务器、存储和互联网带宽需要不断扩容，而且扩容并非易事，扩容的时间有很高的要求，而那些IDC机房位置比较偏远的，变动则会非常麻烦，而且往往还要经过复杂的商务、设备运送、施工过程。

由于微话客户遍布全国，终端可能在任何角落接入局端，所以要求局端到终端的网络条件也要屏蔽地理和异网的问题，且延时、抖动、丢包的要求极高，客户的使用体验会因为任何一个参数指标不符合要求而受到极大的影响。而阿里云的网络，覆盖了国内几乎所有主流互联网网络，而且对于一些比较小众的接入网络，其指标也相当不错，这给语音类业务带来巨大便利。

3.节约成本

在大数据时代，与传统的IDC托管相比，云计算就如同工业时代的电力，是互联网时代的基础设施。有了云计算平台，企业不需要自己买

[①] 北京云梦网络科技有限公司成立于2013年8月，总部位于北京。公司核心员工来自阿里巴巴、腾讯、中国移动、中国万网等一线互联网公司。云梦网络致力于通过云计算和智能化技术平台为企业客户提供标准化的网站建设服务，迄今已为国内超过十万家企业提供官网建设服务。

服务器，只要输入账号、密码，就能以很低的成本随时随地购买所需的计算服务。蜻蜓FM作为中国第一音频平台，自2011年发布以来一路蝉联IOS、Android音频下载量榜首。蜻蜓FM拥有2亿用户，日活跃用户量1000万人，有全国1.2万名专业主播前来开办各领域电台，并收录全国3000多家电台广播。[①]蜻蜓FM开始使用阿里云产品，是因为它面临着因用户量快速成长而带来的服务器部署和监控的压力，它通过合理选择服务节点、制作快照备份、利用云监控保证服务质量等，缩减了部署时间，降低了时间、运营及费用成本。

国内云笔记市场的用户规模已近1亿，但传统的笔记类产品只解决了个人记录的需求。云计算服务解决了小微企业或中大企业中的团队内容记录和协同的需求。知笔记创始人李峻指出："使用云计算服务，可以节约成本，不需要将创业起步资金的三分之一投入到IT系统的配备上，我们可以专注地聚焦在业务本身，满足用户的需求。"[②]

4.快速运维

传统服务器存在着诸多局限，例如存储数据安全性不强、硬盘的浪费率较高，故而造成互联网企业在服务器上浪费严重。北京螃蟹秘密电子商务有限公司一直秉承时尚潮流、科技创新的理念，设计出多项具有里程碑意义的内衣产品，旨在为消费者提供舒适、时尚的品质内衣。在使用阿里云之前，他们自己购买服务器，且配有专门的机房进行托管，存在机房网络不稳定、成本较高以及操作复杂等问题。使用阿里云服务器后，添加新应用只需简单点击购买，就能快速部署环境。

90后CEO余佳文用不到一周的时间开发出了"超级课程表"。"超级课程表"刚开发出来就很受学生喜欢，一年时间席卷全国3300多所高校，用户数超过1000万，平均日活跃用户达200多万。"但后来服务器扛

---

① 《蜻蜓FM：国内首家音频平台，如何实现极致收听体验？》，https://www.sohu.com/。
② 《小镇故事：以云计算之名》，https://blog.csdn.net/。

不住了，我们就选择了阿里云的数据平台。"①

2017年1月，我国首个获得网约车牌照的专车平台诞生了，就是大家耳熟能详的"神州专车"。由于面临着国内网约车市场的激烈竞争，传统自建机房网络难以处理海量的用户数据，面对这一难题，神州专车集团选择与阿里云合作，从技术层面巩固自身的竞争优势。事实上，在此之前，阿里云曾经与快的打车合作，首次将人工智能运用到了调度领域，将当时快的抢单时长最高降低了21.22%，成交率提升了7.87%。②

"阿里云是一张电网，合作伙伴是家用电器公司。他们的产品将会用上新时代的电。"阿里云计算总裁王文彬对云计算生态系统有这样一段比喻。从最初施耐德电气公司把大规模数据存储等相关业务部署到阿里云平台上之后，有数不清的小微创业者接入阿里云，除此之外，接入阿里云的还有许多中外驰名品牌：中国气象局、东软、中软、美的、万科物业、上汽、海康威视、飞利浦……

三、阿里云的应用分析

科技创新在促进科技管理方式变革的同时，也为科技发展奠定了坚实基础，为科技可持续发展提供了保障。大数据时代的到来给科技创新带来了前所未有的变化，大数据推动了开放多元的科技创新平台构建，实现了科技战略制定、政府政策支持、科技成果与产业对接、科技研发平台搭建，促进了科技创新管理的发展，有助于提高科研效率、降低研究成本、拓宽科技创新途径。③大数据背景下科技创新管理方法的转变与升级，是提高我国科技管理水平、适应大数据环境、应对激烈国际竞争的重要手段。转变创新思路，实现由传统"目标驱动决策"向"数据驱动决策"的科技创新理念转变，有助于提高快速提取知识与观点的能力，

---

① 李丹超：《开发者云集，再造云计算和大数据生态圈》，http://www.cnbm. net.cn/。
② 王艺多：《神州优车黄强元：上云之路"一波三折"，为何最终选择阿里云？》，https://www.sohu.com/。
③ 李欢：《大数据背景下科技管理创新平台构建研究》，《科学管理研究》，2014年第3期。

并最终驱动我国核心技术创新。[①]

1.12306火车票网站

阿里云2014年1月16日确认，确实向12306火车票网站提供了技术协助，负责承接12306网站75%的余票查询流量。

12306春节高峰的流量是平时的数十倍。如果采用传统IT方案，会造成巨大的资源浪费，因为每年一次的春运需要按照流量峰值采购大量硬件设备，而当这些设备处于空闲状态时，资源的浪费就难以避免。

此外，如果春运峰值流量超出预期，网站将面临瘫痪，因为大规模服务器的采购、上架、部署调试，至少需要耗费一两个月时间，根本来不及临时加服务器。利用弹性扩展的云计算则可以解决这一难题。

云计算很好地解决了这一问题，它具有成本低廉的优势，使用云计算比自己买硬件的成本更低，此外所有的资源都是"按量计费"，从十一黄金周到春运，12306在云上做了两次大型扩容，每次扩容的资源交付都是分钟级就完成。业务高峰结束后，可以释放掉不必要的资源，回收成本。[②]

2.中国药品监管网

我国唯一的药品追溯监管平台是中国药品电子监管网，它能够实现对生产、流通、销售、使用全过程监控，主要是通过类似于药品"身份证"的电子监管码来完成的。截至2012年底，该药品电子监管系统的监管码平均每天被读写6.4亿次。

"这种业务规模的访问量，用传统'IOE'的集中架构模式，达到性能要求的成本非常高昂"，中信21世纪相关负责人介绍。但即便如此，随着入网企业和监管码数据的快速增加，斥巨资购入的传统设备也逐渐无法承受海量大数据计算需求，其关键业务的响应时间最长达到60分钟。

[①] 朱东华、张嶷、汪雪峰等：《大数据环境下技术创新管理方法研究》，《科学学与科学技术管理》，2013年第4期；赵亮、饶元、戴涛：《基于大数据的技术创新与决策方法研究》，《科技创新与应用》，2015年第32期。
[②] 《12306阿里云合作 唤醒政务云计算大潮》，https://www.doit.com.cn/p/226625.html。

因为系统直接和各药厂、药店的核心生产系统连接，所以药品的生产和流通会受到这种响应速度的影响。"60分钟"，也就是说，会时常出现一个让企业无法忍受的场景：尽管药品已出库，但货车仍需等一个小时，等所有数据完成上传处理工作后，才能载着药品出厂。

2013年初，中信21世纪就表示希望将传统IT架构切换到新一代的云计算架构上。经过三个月的迁移，他们将中国药品电子监管平台的后台系统切换到了阿里云计算平台。其关键业务单据平台处理的延时也从60分钟降低到2.7秒，速度提升了1333倍。

2013年12月发生"问题乙肝疫苗事件"后，有关部门利用中国药品电子监管平台，迅速锁定198批次44030686支疫苗在全国27省的流向分布和库存。这样一份数据报告，通过传统方式整理需要一个月，但在阿里云计算海量数据处理能力的支撑下，三个小时就完成了数据查询和整理工作，为减少问题疫苗扩散争取了时间。[①]

3.天弘基金与余额宝

天弘基金与支付宝在2013年6月份合作推出了"余额宝"理财支付产品。"余额宝"上线以后，短短几个月，资金规模便突破千亿，用户数突破3000万，成为中国基金史上第一个规模突破千亿的基金。

余额宝一期是由天弘基金与金证合作开发的新型直销系统，依托传统的IOE架构（IBM小型机、EMC存储设备、Oracle数据库），一期系统上线后，业务量与用户数暴增，按照业务量增加速度，到10月份一期系统将遇到瓶颈。经过两个月的项目迁移，天弘基金在9月26日上云成功，成为中国第一个核心系统在云上的基金公司。

系统上云后，性能表现超出期望，实时请求处理可达到每秒11000笔，可在140分钟内完成三亿笔交易的清算。其速度之快超出了原有的预期，之前要八个小时的清算工作，如今只需30分钟就完成了。

2013年11月11日，余额宝共支付1679万笔61.25亿元，来自全国31

---

① 《中国药品电子监管网获权威测评》，https://tech.ifeng.com/a/20141120/4087 4276_0.shtml。

个省、2000多个市县的556万名用户在"双十一"期间使用余额宝支付；在"双十一"的各种支付方式中，余额宝支付速度最快，支付成功率最高，高达99.9%以上。

"余额宝"在业务模式和技术架构上的创新，在金融行业产生了巨大反响，成为互联网金融的标杆案例。[①]

4. 蚂蚁微贷

蚂蚁微贷通过互联网数据化运营模式，为阿里巴巴、淘宝网、天猫网等电子商务平台上的小微企业、个人创业者提供可持续性的、普惠制的电子商务金融服务，提供"金额小、期限短、随借随还"的纯信用小额贷款服务。

蚂蚁微贷通过平台上积累的信用与行为数据，搭建了完善的数据模型，而大数据和云计算是蚂蚁微贷的重要载体和依托。截至2014年3月，超过36万人从蚂蚁微贷借款，最小贷款额为1元，并实现3分钟申请、1秒放款、0人工干预。要做到这一点，蚂蚁微贷每天要处理30PB数据，包括店铺等级、收藏、评价等800亿个信息项，运算100多个数据模型，甚至要测评小企业主对假设情景的掩饰和撒谎程度。阿里小贷每笔贷款成本3毛钱，不到普通银行的1/1000。

5. 众安保险

2013年11月6日，众安保险宣布开业，互联网保险的大幕正式拉开。

众安保险是首家互联网保险公司，也是第一家将全部业务系统搬上云计算平台的金融企业。众安保险在开业前仅花了5个月的时间就实现了两地三中心的容灾部署，建造成本由原来的3000W降低到500W。在阿里云计算技术的支持下，众安能够用低成本、高灵活性的计算能力支持互联网业务的拓展。众安将突破国内现有保险营销模式，不设分支机构，完全通过互联网进行销售和理赔，实现业务的全面创新。

---

① 邬愉波：《国内掀起阿里云计算热潮》，https://tech.sina.com.cn/i/2014-02-26/10479193368.shtml。

6.浙江省水利厅台风系统

每年夏季，源自南太平洋的台风便频频造访浙江。这一危害极大的气象让所有的东部沿海居民受到威胁，也让浙江省水利厅的台风路径实时发布系统压力倍增，这个系统以每小时更新一次的速度快速跟进台风进展与路径，是抗台防灾指挥、市民生活及出行的重要依据之一。平日只有几万PV的网站在台风季节几天之内就会上升到几百万PV，传统IT系统很容易陷入崩溃，而如果按照访问峰值配置大量服务器，其他时间99%的资源和投入将被闲置浪费。

2012年6月，浙江省水利厅将台风路径实时发布系统搬上了阿里云平台，用云计算的方式实现了资源的优化配置。以2012年8月8日登陆过境的超强台风海葵为例，8月5日的系统访问量仅有不到10万次，8日创下350万次的访问高峰，3天内访问量增长了几十倍，创造了该系统自上线以来的历史新纪录。而对于动用了SLB负载均衡、云服务器、开放存储这三种产品的新平台来说，面对暴增的访问量毫无压力。云计算这种由互联网技术发展而来的通用技术成为现实的生产力。①

7.CCTV

阿里云在助力媒体向"互联网+"战略转型，构建媒体云平台方面，已有过多次成功经验。通过央视与阿里云共同打造的世界杯"CCTV5"App，观众可以在手机端流畅观看世界杯视频直播。"CCTV5"App是全网唯一可以直播世界杯的App，世界杯举办期间，"CCTV5"App的访问量剧增，高峰期同时涌入上千万球迷。如果按照传统IT架构模式，不仅得耗费巨资，还得重新采购服务器、搭建环境、停机维护等，需要漫长的周期。世界杯的高峰期过去，闲置的IT资源又将形成巨大的浪费。云计算快速部署、弹性扩展的特性则避免了这样的浪费。阿里云作为全球最安全、最高速的云计算平台，轻松满足了央视世

---

① 《云计算抗台：台风路径系统跑在阿里云上》，http://tech.huanqiu.com/cloud/2015-07/6970899.html。

界杯期间处理海量视频内容访问的需求。① 此外，通过天脉聚源与阿里云的通力合作，羊年CCTV3春晚倒计时节目《喜到福到好运到》，支撑了2300万人次通过手机实时参与节目互动。

8.蔚蓝地图

2014年6月，阿里云计算平台上的环境监测App"蔚蓝地图"悄然上线，近3685家废气排放企业的排放数据可实时被查询，一旦有超标记录，将即时出现在公众面前，接受社会监督，对污染企业等污染源头起到有效的遏制作用。

"蔚蓝地图"是由公益组织公众环境研究中心（IPE）发布，阿里云免费为其提供云计算资源。"蔚蓝地图"对190个城市以及3000家企业进行实时监控数据，每小时更新一次，对数据的计算和处理能力要求极高，由此产生的历史数据则更为庞大。过去，使用传统IDC服务，受限于服务器规模，对于短时大量的并发访问无法承受，很难对海量数据进行采集和存储。②

9.小咖秀

让云计算迅速深入人心的，并非那些知名品牌和大型企业，而是在"大众创业、万众创新"浪潮下，走出来的那些小咖创业者们。云计算已经成为"普惠科技"，其成熟度越高，创业者从0到1的突破成本就越低，周期越短。这个周期有多短？一款叫"小咖秀"的App，开发第一版仅花了两天时间，从默默无闻到成功登上App store总榜第一名，用时两个多月。在秒拍＆小咖秀的首席执行官韩坤看来，小咖秀之所以能够成功，主要是"善于拥抱新的资源"。小咖秀在创立之初就采用了阿里云多媒体解决方案，在用户数百倍增长的情况下，能够秒级开通新的IT资源，支撑用户在无感知情况下系统平滑升级，并节省超过50%的IT成本投入。

---

① 《央视携手阿里云 通过App直播世界杯》，https://tech.sina.com.cn/i/2014-06-10/15349428472.shtml。

② 《阿里云推出"污染地图"App 涉足雾霾治理》，http://tech.sina.com.cn/i/2014-06-13/14179435336.shtml。

云计算正在为创业圈传递越来越清晰的声音：创业正进入"快消时代"。①

10.贵州公安交警云

国内率先运行在公安内网上的省级交通大数据云平台——贵州公安交警云在2015年7月6日投入使用。平台由贵州省公安厅交警总队采用以阿里云为主的云计算技术搭建，可为海量交通数据进行全库关联、智能联想、自动研判、深度挖掘，为公共服务、交通管理、警务实战提供支持。

"过去，要查获一辆假牌或是套牌车，依靠的是路面交警的偶然发现和群众的举报，而现在……"贵州省公安厅交警总队指挥中心负责人王斌介绍，"通过对车辆图片进行结构化处理并与原有真实车辆图片进行对比，就能瞬间判别这辆车是假牌还是套牌车"。

此前，贵州省在道路上已经布设了较为完善的监控系统。仅路网监控系统收集的实时数据，其每月总量就已达到100TB。与此同时，公安内部系统和来自社会的各种数据正像洪水一样不断涌入。一次看似简单的交通数据查询，需要交叉对比多个数据库，查询响应速度缓慢。而现在，除了能够实现套牌车秒查外，通过运行在云上的重点车辆综合监管系统，贵州交警将全省5.33万家运输企业、59.9万名运输驾驶人、1755家重点监管企业、5.3万台重点监管车辆、4341家租赁企业、3.5万台租赁车辆全部纳入动态监管，在全国率先实现了对凌晨不按规定时间行驶的"红眼客车"的精准查缉。②

11.浙江交通运输厅云系统

浙江交通运输厅对高速历史数据、实时数据与路网状况的分析，是借助阿里云的大数据计算能力，从而实现对未来1小时路况的精准预测，并且其预测的准确率较高，能够基本稳定在91%以上。该项目在2016年春节前后向大众开放，覆盖浙江省近1300公里高速路段。浙江省交通信

---

① 《为了无法计算的价值　创业者崛起背后的阿里云逻辑》，http://www.ccidnet.com/2015/1026/10042572.shtml。
② 《贵州公安交警云平台正式投用　以优化交通管理》，https://www.sohu.com/a/22771902_119665。

息中心主任韩海航表示，通过对未来路况的预测，交通部门可以更好地进行交通引导，用户也可以做出更优的路线选择。路况预测的应用价值很高，但准确率很关键。只有分析因素和维度越多，数据越丰富，得出的预测结果才会越准确。路网关系、上下游事件，甚至天气等外部综合因素都应该加入进来。但当这些海量数据纳入到全网路况的时空演变模型后，对云平台的大数据计算能力就提出了很高的要求。阿里云大数据计算服务（ODPS）为项目提供了分析支持，并有多位资深数据科学家参与了联合研发。阿里云的闵万里博士介绍，ODPS的强大计算能力可以在20分钟内完成历史数据分析，10秒钟完成实时数据分析。[①]

12.Face++和人脸识别

2015年3月17日，在汉诺威CeBIT展览会开幕式上，马云演示了蚂蚁金服的Smile to Pay扫脸技术，为嘉宾从淘宝网上购买了1948年汉诺威纪念邮票。这项崭新的支付认证技术由蚂蚁金服与Face++合作研发，在购物后的支付认证阶段通过扫脸取代传统密码。当马云进行面部识别的时候，系统需要处理大量来自面部的数据信息，包括结构、五官以及肌肉等方面的数据。这些数据的处理和分析能力，由阿里云计算提供。

对于Face++来说，当大量开发者调用识别服务时，对平台整体的处理能力就会有很高的要求。如果平台的服务器不够稳定、性能不够强大，就可能"认不出马云"。为此，经过严格比对和筛选，Face++最终决定选择阿里云弹性计算服务；后续又使用了阿里云的数据库服务用来存储人脸搜索和训练的数据。[②]

13.芒果TV

2016年元旦，芒果TV联合阿里云深度合作，把2016年跨年晚会最核心的直播和点播业务放到云端，构建混合视频云。跨年演唱会面对观众的海量访问，可以说是芒果台的"双十一"。芒果TV选择阿里云解决

---

① 《浙江交通部门联手阿里云　用大数据预测1小时内路况》，http://www.huaxia.com/ztlx/zjxw/2015/12/4645347.html。

② 《马云"刷脸支付"惊艳CeBIT　阿里云支撑人脸分析》，http://news.mydrivers.com/1/400/400890.htm。

了IT资源弹性难题，也由此获得了和阿里"双十一"同款的技术能力。

在2016年跨年晚会直播中，芒果TV表现出色，无卡顿、无延时，大受粉丝好评。观众不但能收看高清现场直播，还能打开视频弹幕在线互动，调控现场多个摄影机位看偶像，与超级天团、当红鲜肉、实力唱将、人气演员亲密互动。长达六个小时的跨年晚会视频直播能够如丝般顺滑地通过网络传送到世界各地，难度不容小觑——视频的上传、处理、播放、分发要在极短的时间内完成。这期间伴随的风险还有在线流量的突发性，就需要用云计算的思路去重新搭建业务系统。

芒果TV早在2015年11月初就与阿里云团队商讨直播护航的个性化解决方案，使用的云产品涵盖服务器、数据库、存储、CDN、互联网中间件，甚至大数据计算产品MaxCompute（原ODPS）。在12月31日当晚，阿里云还派出了专职护航工程师队伍，在长沙、杭州、北京三地专门为跨年晚会直播保驾护航，确保直播顺利进行。

阿里云CDN拥有10000Gbps的带宽吞吐能力，使用骨干网、SSD磁盘的一等节点保证服务质量。阿里云研发的直播系统和其他厂家的CDN系统相比，还拥有智能调度、智能流预取、回源加速、移动加速、TCP协议栈优化等"独门武器"，所以播放流畅，延时非常短。

除了播放流程无延时，芒果跨年晚会另一备受好评的创新就是互动环节，粉丝可以弹幕发言、调控摄像机位等，这一直播互动平台就是基于七年"双十一""严刑拷打"的阿里云互联网中间件产品的快速构建。

数据显示，芒果跨年晚会阿里云承载了移动端大多数流量，创下历年之最。[①]

14. 华大基因

华大基因是全球最大的基因公司，其基因组数据分析平台BGI Online能整合和收集各方资源，构建基因组学的数据中心和分析平台，促进精准医疗行业的发展。如果说华大基因公司为基因组数据提供了各

---

① 《阿里云跨界合作芒果TV 粉丝看明星也用云计算》，http://www.techweb. com.cn/news/2016-01-04/2251498.shtml。

类分析手段，那么基因数据的传输、数据存储、数据安全及计算资源等"后勤保障"问题就需要依靠阿里云来解决，二者的结合便成就了功能强大的BGI Online平台。

在"千人基因组"项目中，BGI Online共处理了1000份人类全外显子组数据，总数据量达2TB。"整个分析全程无人值守、无命令操作，仅仅点击了四次鼠标就启动了11000多项分析任务"，并"在21小时47分12秒内完成了1000例人类全外显子组数据的分析"。40年前，人类若想对埃希氏大肠杆菌进行全基因组测序，需要1000年的时间。

"用24小时完成一个人全基因组的样本处理、测序、数据分析全流程，成本控制在2000元人民币以内。这就是华大基因和阿里云的基因2020计划。"在2016年云栖大会·厦门峰会上，华大基因CEO尹烨透露了基因测序行业这一劲爆消息。[①]

15. 红岭创投

红岭创投在P2P行业率先提出"双十一"的营销活动。2015年"双十一"当天的交易总额达到29.34亿元，全天成功投标96099次，成交49410笔借款，平均每1.7秒就有一个满标。然而如果时间倒退至2015年初，红岭或许想象不到自己能够拥有这样的"双十一"战绩。当时发展迅速的红岭跟很多拥抱互联网的金融企业一样，正面临互联网环境的新挑战：用户流量急速上升，原有的IT系统无法承载节日式促销造成网站阻塞；大规模DDoS攻击让网站几次停摆……短短几个月内，危机接踵而至。

为此，红岭创投董事长周世平下决心要将红岭创投IT系统重构。用他的话说，红岭创投就是要打造一个像淘宝、天猫一样，可以承载高并发、高访问、高交互的平台，即使遇到"双十一"这样的流量峰值，也照样可以扛过去。2015年"双十一"前夕，红岭彻底转向阿里云中间件企业级分布式应用服务EDAS，并在阿里云专家协助下，针对"双十一"

---

① 《华大基因英特尔阿里云联姻》，http://tech.qq.com/a/20151127/041960.htm。

活动重构出在理论上可以无限扩充的系统。同时，红岭在内部进行了"压测"，由阿里云的安全专家全程参与，量身定制防DDoS、防CC攻击的策略。有了前期的充分准备，红岭不仅顺利扛过"双十一"，而且为用户提供了更好的操作体验，再度巩固了其在业内的号召力和认可度。

红岭创投是很有代表性的金融云应用案例。据介绍，截至2014年11月底，国内P2P平台已超过1540家，其中有数百家活跃在阿里云平台上。[①]

16.影视渲染

2015年4月，阿里云与瑞云科技达成战略合作，搭建面向全球的视觉云计算平台。云渲染平台Render cloud可将影视渲染速度提升数千倍，小型制作团队也能实现"好莱坞级"的特效水平。目前，阿里云、瑞云科技共建的Render cloud已上线试运行。一部两小时的电影，传统渲染可能需要半年，Render cloud只需不到一周，并节省40%的成本。通过这一云端自助平台，不同国家的电影团队，可以协同制作一部电影。基于阿里云超10万核的计算能力，云渲染平台可在短时间内完成超高精细度与艺术美感的画面。阿里云总裁胡晓明表示，这将突破传统IT带来的技术瓶颈，让"小团队制作大电影"成为可能，"用中国的计算能力，也能拍出像《功夫熊猫》一样的好莱坞巨制"。[②]

17.水稻基因

2015年9月15日，中国农业科学院、阿里云计算有限公司、华智水稻生物技术有限公司、北京聚道科技有限公司在长沙宣布共同推动"云之稻项目"——3000份绿色超级稻基因组原始测序数据首度揭开神秘面纱。数量庞大的3000份水稻核心种质基因组测序项目，让行业为之惊叹。

---

① 《双11佐证阿里云弹性能力 红岭创投每1.7秒达成一个满标》，http://www.techweb.com.cn/network/virtual/2015-12-01/2234285.shtml。
② 《阿里云联手瑞云助渲染提速千倍 将提升影视产业整体运转效率》，https://blog.csdn.net/cici_0011/article/details/100620460。

"云之稻项目"源自比尔·梅琳达盖茨基金"为非洲和亚洲资源贫瘠地区培育绿色超级稻"和国家国际合作专项资助的3000份水稻基因组项目的成果。根据协议,"云之稻项目"将无偿向全球共享数据,同时项目组还将建立最全面的"水稻功能基因组和育种信息数据库",为基础研究和育种应用提供可供参考的重要信息。[①]

18. 云上安心

阿里云联合深圳中瑞奇等合作伙伴组建了"云上安心"联盟,通过联合医院、医疗硬件厂商、医疗健康App、健康体检中心等,在患者知情并授权下,将散落各处的健康医疗数据汇聚打通,以期实现基于数据的精准医疗。典型的如心脏病的治疗,患者可通过佩戴"云上安心"联盟的心电设备产品"好朋友",自助查看自身心电数据。同时,数据会跟社区医院同步,如出现异常,医生或急救中心可提前介入。在2015年7月初的试点中,阿里云和中瑞奇向杭州米市巷社区两万名老人中的心脑血管疾病患者发放了相关设备,帮助社区居民及早发现心脏方面潜在风险,将高危人群纳入监护体系。试点期间,通过对心电大数据进行分析,首次发现了多位患者。其中有一位王先生,在凌晨1点多睡觉时心脏停搏超过3秒,幸亏系统及时发现,社区医生得以提早介入。[②]

19. 邵逸夫医院"健康云"

2015年4月,由邵逸夫医院打造的未来医院邵医健康云平台正式开放运营。通过这朵运行在阿里云计算平台上的"健康云",杭州市江干区的居民将提前享受到"互联网医疗、家门口医院"的便利。

该云平台由上海金仕达卫宁联合浙江绎盛谷科技与阿里云共同搭建。其最大特点是突破医改难点——分级诊疗和跨地域转诊。通过互联网实现医疗机构及医生间的业务协同,提升医疗机构及医生的服务能力和服务效率,实现"首诊在基层、大病去医院、康复回社区",大幅缩短就

---

① 《世界最大植物基因组测序项目——"云之稻项目"在长沙揭开面纱》, http://news.cnr.cn/native/city/20150915/t20150915_519873652.shtml。
② 《阿里云欲将医疗数据打通 为每个人配一名医生》, http://it.sohu.com/20150917/n421392339.shtml。

诊、转诊时间。

目前，该平台覆盖了杭州市江干区的所有社区医院、邵逸夫医院及其附属医院，并逐步向全省推广。2015年底，邵医健康云平台还推出跨院的云检验、云检查、在线视频咨询、物品配送等多项服务。[1]

20. 量子计算

继Google、IBM、微软之后，中国科技公司也开始涉足量子计算。2015年7月，阿里云联合中科院成立一个全新的实验室，共同开展在量子信息科学领域的前瞻性研究，研制量子计算机。

量子计算机是一种遵循量子力学规律，进行高速运算、存储及处理量子信息的物理装置，一旦实现，意味着计算速度会有数十亿倍的提高。这一计算能力的飞跃，将远远超越从算盘到当代超级计算机的提升。以阿里推出的"人脸识别"判断，量子计算可以达到的处理速度令人难以想象。假设人们把这种量子计算机运用到监控领域，它可以瞬间在数据库中扫描众多人的脸，并实时辨别出一个人的身份。实验室将结合阿里云在经典计算算法、架构和云计算方面的技术优势，以及中科院在量子计算和模拟、量子人工智能等方面的优势，探索超越经典计算机的下一代超快计算技术。[2]

阿里云经历了云计算的三个阶段，2009—2011年是技术积累阶段。2012—2014年，互联网公司、小企业开始拥抱云计算。2015年，"互联网+"提出之后，推动了第三个阶段——越来越多的大型企业、政府、能源机构、医疗机构、金融机构开始使用云计算。云计算、互联网，正在成为水、电一样的基础设施。而在整个过程中，大家认识到了从"IT到DT"的转变，所有人都意识到了数据是资源、能源。随着云计算成为每个人、每个企业触手可及的能力，2～3年之后，数据产业就会蓬勃发展，会推动比今天的互联网创业更具有颠覆性的数据创业，会提高每一

---

[1]《邵逸夫医院尝试互联网医疗　成国内首个上云的公立医院》，http://news.ifeng.com/a/20150417/43576946_0.shtml。

[2]《中科院携手阿里云研发量子计算机》，http://scitech.people.com.cn/n/2015/0805/c1057-27411145.html。

个行业的效率和体验。不过，云计算在实际发展中会遇到很大挑战。传统行业以及IT硬件、软件、服务集成商、渠道、业务开发者，整个产业链都需要调整定位，寻找新的价值、利益。我们现在要以云计算为基础构建DT世界的应用场景，与产业链一起构建一个生态圈，合力推动这一转型。[①]

第二节　云栖小镇综合行政管理体制的探索与实践

通常而言，特色小镇主要有三种创建模式：一是企业主体，政府服务，政府负责小镇的定位、规划、基础设施和审批服务，引进民营企业建设特色小镇。二是政企合作、联动建设，政府做好大规划，联手大企业培育大产业。三是政府建设、市场招商，政府成立国资公司，根据产业定位面向全国招商。[②]

云栖小镇是一种"非镇非区"的发展模式，它既不是行政区划单元上的一个镇，没有行政建制，也不是风景区、开发区、高新区这样的功能区，而是一种多功能融合平台。这个平台包括了生产、生活、生态等多种功能，并对小镇规划面积、建设面积、固定资产投资等提出了较为明确的指标[③]，坚持"政府引导、企业主体、市场化运作"的方式。浙江对于产业类投资小镇的投资额和部分发展较快区域的指标又基于实际给予了一定弹性，因此云栖小镇的建设不但具有明确的设计标准，而且彰显了因地制宜的灵活性。而其他省市的很多特色小镇基本属于"亦镇亦区"模式，不另起炉灶，依托原来行政区划意义上的镇域、街区和产业园区，发挥生态和文化优势，进行基础设施改造、公共服务提升、产业

---

① 《传统企业如何向"互联网+"转型？阿里云给出答案》，http://www.cnelc.com/Article/1/150724/AD100224915_1.html。
② 陈文文：《特色小镇，比学赶超》，http://zjrb.zjol.com.cn/html/2015-12/01/content_2930510.htm?div=-1。
③ 《浙江省人民政府关于加快特色小镇规划建设的指导意见》，http://www.zj.gov.cn/art/2015/5/4/art_32431_202183.html。

腾笼换鸟和创新创业集聚，形成多要素聚合、多业态融合的发展平台。综合比较看，"非镇非区"和"亦镇亦区"虽是两种不同的发展模式，但是二者之间也存在着异曲同工之妙，相似之处在于，从本质上讲都是新型城镇化提质升级的产物，也是供给侧结构性改革中城乡互动、政府和市场"两只手"发挥作用的结果，无论哪一种模式，都着眼于走出城乡二元结构困境，以创新为核心，形成制造经济、服务经济、信息经济、人文经济跨界融合的发展生态圈。[①]

浙江省发改委副主任、特色小镇规划建设联席会议办公室常务副主任翁建荣指出："特色小镇是聚合各种创新要素，融合全产业链打造产业生态圈的产业转型升级发展平台。创建特色小镇，要力争集聚更多领军企业，更多高端要素，呈现出更强的产业特色。"政府主要扮演"引导员"和"服务员"的角色，重点在规划编制、基础设施配套、资源要素保障、文化内涵挖掘以及在生态环境保护等方面发挥更好的优势，推动小镇创业创新的生态体系日趋完善。[②]

一、完善基础设施服务

特色小镇的核心优势是"决策快、审批快、兑现快"，小镇的政策运行和未来发展需要良好的管理，因此小镇管理者工作的重中之重就是着力为创业者打造"量身定制"的扶持政策和精准化服务。转塘科技经济园区管委会主任吕钢锋说："云计算、大数据是互联网时代的基础设施，对基础设施的投入见效时间可能比较长，但是产生的经济效益、社会效益，是传统产业所无法取代的。"

1. 网络建设

网络建设作为互联网的基础，其重要性是不言而喻的，应当着重建设网络环境，充分发挥互联网的功能。按照"万兆进区域、千兆进楼

---

① 葛欣萍、李光全：《以创新推动特色小镇发展》，《青岛行政学院学报》，2016年第2期。
② 《浙江：前九月每个特色小镇平均到位投资逾九亿元》，http://biz.zjol.com.cn/system/2015/12/01/020934037.shtml。

宇、百兆到桌面、WIFI全覆盖"的要求，打造全面共享的网络空间。云栖小镇所在的转塘科技经济园区，GSM网络测试情况良好，覆盖率为99.88%；4G网络覆盖率达99.12%，平均SINR（信号与干扰和噪声比）约14db，平均下载速率为29Mbps。在小镇里，无论是拨打电话、上网冲浪，还是体验各类云计算应用，都能获得流畅的体验。除此之外，浙江移动的百兆宽带也已走上小镇企业的办公桌。[1]

2.打造适宜的创业社区环境

高层次人才对于创业是一个很重要且关键的因素，因此如何吸引高层次人才就显得尤为重要。一个舒适、良好的社区环境，能够吸引高端人才和工程师扎根小镇创业创新。杭州市西湖区出台了全省唯一专门针对云计算产业发展的扶持政策（《关于促进杭州云计算产业园发展的政策扶持意见》），要求为小镇整体发展需要，完善餐饮、商业、金融、交通、娱乐、休闲、运动等服务网点，建立"云咖啡""IT茶馆"等形式的工程师交流平台，建立企业服务中心，全面提升企业社区化服务的能力，逐步形成"云计算生态"社区。

3.电力设施建设

电力是"云产业"的命脉，其重要性是显而易见的。一家"云企业"的"心脏"是机房，只有稳定可靠的电力供应才能确保这些"数字仓库"24小时不停运转。因此，供电可靠性对于"云企业"的重要性是最高级别的，它们普遍需要采用双路电源和自备油机"双保险"供电。在2013年云栖小镇建设初期，为了改变当地网架薄弱的状况，杭州供电公司在这里新建了110千伏的变电站。这座变电站为小镇170余家"云企业"提供了可靠的电力供应。华通云公司是其中最大的一家企业，拥有1280个机架，年用电量达到4400万千瓦时，随着业务量的增加，用电量还在持续增长。为此，杭州供电公司专门从两个变电站分别拉了一条10千伏回路至华通云，确保该企业供电可靠。机器24小时运作，产生大量

---

① 《服务与产业特色融合 小镇"网事"演绎别样风采》，http://tj.haoma.com/news/newshow.asp?idnews=5049。

热量，需要空调来保持机房温度在28摄氏度以下，空调用电负荷占了总负荷的30%。考虑到这一情况，杭州供电公司特别编制优化用电方案，帮助华通云合理安排峰谷用电，为他们节约成本。另外，每家"云企业"的机房都有大量UPS设备进行充换电，产生的电流冲击会对电能质量产生影响。因此，为了尽量减小生产因素对供电可靠性的负面影响，杭州供电公司对每家企业的供电方案都进行了细致编制，以确保供电方面不出问题。

2015年，在云栖小镇阿里云规划用地附近，杭州市供电公司更是专门建设一座10千伏开关站，为投入运营的阿里云公司提供可靠电源。一般来说，重大的电源布点工作需要在用电单位项目立项后，通过论证会审查，再提出临时用电申请，最后才能提出正式用电申请。而此次杭州市供电公司则加快推进相关工作，特别将工作步骤提前了三步，直接在项目前期就进行电源规划，完善电力配套方案。[①]

二、提供"店小二"式服务

"特色小镇是市场经济的产物，不是政府培植的，政府就是要做好服务。"特色小镇需要构建起一种综合服务创新模式，从全方位、全过程来保障服务提供。因此，小镇需要做到从服务对象不同阶段的需求出发，强化政府服务、金融服务等要素保障。

1.构建"孵化链条"的运营模式

以"创业苗圃+孵化器+加速器"的全链式服务，推进创业服务平台转型，形成融"创业导师指导+创业培训+天使基金"为一体的新型创业服务平台，以满足创业企业的新需求，为创业项目提供最适宜成长的环境。如在苗圃阶段，通过项目选拔或创投运营商推荐，给予入圃企业3～6个月的零成本孵化期，并设置强大的导师阵容，指导项目后续发展；孵化器阶段，小镇为保障孵化企业能够顺利发展，给入孵企业提供各项政策优惠，并将其优先列入创投基金推荐名单；加速器阶段则可以享受育成后的跟踪服务，直至并购上市。2013年，浙江省科技厅出台

---

① 《浙江杭州优化用电方案　演绎"云"上的智慧经济革命》，http://shoudian.bjx.com.cn/html/20150710/640429.shtml。

了"实施创新驱动发展战略十八条",明确提出进一步形成有利于创新创业的体制机制。2014年,浙江省《科技体制改革与发展工作要点》明确规定,科技经费跟进金融资本、风险资本,让市场成为配置资源的决定力量;同时扩大科技型中小企业创新基金规模,受到国务院肯定。同年,浙江省先后出台《关于鼓励科技创业加快培育科技型中小微企业的实施意见》《公众创业创新服务行动方案》《推广应用创新券 推动"大众创业万众创新"的若干意见》等政策,大力支持新型孵化器建设,推动科技人员和团队、民间资本、创业资本和科技成果相结合,促进科技资源开放共享,并用创新券给予创业者财政补贴。2015年又出台了《关于发展众创空间 促进创业创新的指导意见》,着力培育一批基于互联网的新型众创孵化平台。为更好地消除创业创新者的后顾之忧而出台的一系列普惠性政策,又构建了一个创新政策体系,该体系具有鲜明的特色导向,是重大的改革引领,同时也提供了法治保障。

为了让创业者和创新技术能够获得资本市场的青睐,浙江省通过财政引导,利用税收优惠、风险补偿等有效手段,吸引社会资本进入孵化器、众创空间等创业服务机构,以加快其完善创业服务功能。2014年省科技厅牵头设立浙江省天使投资专委会,集聚天使湾、浙报传媒梦工场等200多位省内外天使投资人。杭州市成立首期7500万元的天使投资引导基金,已发起设立8家天使投资基金,投资项目30个,投资金额8360万元,带动社会投资2.2亿元。浙江省还加大财政补贴力度,2014年,浙江省科技厅会同浙江省财政厅设立省级科技型中小企业扶持和科技发展专项资金,每年安排3亿元,扶持全省范围内符合条件的中小企业,连续支持5年。对通过省科技创新云服务平台获得服务的科技企业孵化器、大学科技园、众创空间的在孵企业和创业者进行财政补贴,为创业创新注入"源头活水"。[①]

此外,如何调动高层次科研人员的创新积极性和激励科技成果创

---

① 《浙江:营造创业创新的良好生态环境》,http://www.most.gov.cn/dfkj/zj/zxdt/201512/t20151201_122557.htm。

新，对于创新创业来说是至关重要的一方面，因此政府正在积极完善科技成果和利益分配转化激励政策，深化与各类名校名企大院的战略合作。明确规定在杭高校、科研机构转化职务科技成果取得的收益，高校可按60%～90%的比例、科研院所可按20%～50%的比例，奖励有关贡献人员和团队。同时还鼓励各类企业通过股权、期权、分红等激励方式，调动科研人员创新积极性。

2.构建高效政务服务系统

提升政府效能和为民服务的能力，是推动云栖小镇快速发展不可忽视的一部分。如何做到这一点，需要加快转变政府职能，创新政府管理方式，进一步健全行业准入规范管理制度，积极推行负面清单管理模式。深化行政审批制度改革，加大简政放权力度，着力减少审批前置条件，提高政府服务效率。在"互联网＋"的时代潮头，很多年轻人怀着创业梦想，在英姿勃发之际，给政府的公共服务提出了更高的要求。在信息社会，"互联网＋政务服务"应运而生并蓬勃发展起来，例如，云栖小镇所在地政府，通过打造一流平台、一流服务体系，为创业者提供更精准的服务。西湖区以打造人才生态示范区为抓手，以优质服务吸引人才、集聚人才，推动高新技术产业发展；为小镇企业提供工商注册、项目申报、人力资源、税务法务等"一站式"服务，推进"五证合一"改革，完善"店小二"审批代办机制，畅通高层次人才申报、落地绿色通道，坚持"特事特办、快事快办"，用最快速度来体现小镇创业创新形象。[①]

如今，浙江省不少政府部门正在积极探索线上线下结合的O2O式公共服务新模式，其目的是更好地服务入驻小镇的创业企业，使得这些企业能够在小镇的扶持下形成更多创新成果。在线下，组建创业服务中心，工商、税务、物业等相关人员集中办公，同时引进专业财务、税务、法务、人事等服务机构，以"政务大厅＋服务超市"的形式提供一站式服务；在线上，开发云服务平台，为创客提供全链条的创业服务，提供政

---

① 《杭州市人民政府关于印发中国制造2025杭州行动纲要的通知》，http://www.hangzhou.gov.cn/art/2016/7/7/art_1256295_7049356.html。

府事务、办公事务、生活配套事务等全方位服务，同时提供云主机、云储存、云协同、云视频会议、云应用商城、云实验室等服务，配备开源软件，提供基础技术支撑，定期发布各种大赛、论坛、投融资路演、中介培训、企业沙龙等活动信息。

工商事务服务室是工商部门了解、掌握特色小镇发展情况和企业实际需求的"前哨站"，也是为企业送去政策、靠前服务的"先遣队"。浙江省工商局鼓励各地根据实际情况，在特色小镇设立工商事务服务室，派驻专人，主要提供三方面的服务：一是为入驻企业"点好菜"，及时摸清情况，在征求企业对工商部门的意见建议的基础上，收集有效信息，从而研究制定有针对性的支持政策；二是为入驻企业"配好料"，及时把省委、省政府的决策部署传递给广大创业者，宣传、解读好有关政策举措，为企业答疑解惑；三是为入驻企业"送好菜"，提供企业名称预先核准、企业登记、品牌培育、消费投诉处理等业务受理、咨询和指导等服务，让各项政策举措落地生效。

2015年7月底前，为了让特色小镇的创业者在第一时间享受到更加方便、快捷的登记服务，浙江省率先在特色小镇试点工商登记全程电子化，相关职能部门提供涵盖网上申请、网上受理、网上审核等服务，在线服务的方式使得办事效率更高、更便利。浙江省工商局根据特色小镇的功能定位和产业导向，放宽企业入驻门槛的新举措，体现小镇发展特色的行业表述，并且允许企业在名称和经营范围中使用符合国际惯例、行业标准的用语。为了鼓励特色小镇的新兴主体做强做大，浙江省工商局还将特色小镇入驻企业冠省名的注册资本（金）要求从1000万元降到了500万元。

入驻企业需要考虑创业的成本问题，基于这一情况，特色小镇专门形成"商务秘书企业"，帮助初创企业通过资源共享来节约成本。浙江省有关部门针对特色小镇内创业群体的需求，支持特色小镇发展商务秘书企业，为电子商务、软件研发、创意设计、文案策划等企业提供住所托管、代理企业登记、代理记账、代理收递法律文件等服务。由于互联网企业和从事服务业的企业属于入驻特色小镇的主体，所以，浙江省工商局还更多运用互联网思维和社会共治理念，指导企业按照《消费者权益保护法》的要求，建立一套简便快速的消费纠纷处理机制，应对客户服务和售后保障的需要，为客户营造放心消费环境。同时，按照国务院提出的"经营者首问和先行赔付制度"要求，鼓励引导企业主动履行社会责任，及时化解消费纠纷。[①]

围绕"三降一提升"的目标，即降低创业门槛、降低创业成本、降低创业风险、提升创业成功率，浙江省先后出台《关于促进杭州云计算产业园发展的政策扶持意见》《关于建设梦想小镇（天使小镇）的政策意见》以及各类天使投资引导基金和大学生创业贷风险池管理办法等。

3.精准施策，吸引各类人才云集

近年来，浙江省杭州市西湖区瞄准互联网、云计算、大数据等高新技术产业发展方向，大力培育"众创空间"集群，深入推进云栖小镇"试验田"建设，引进领军企业、创投机构合作共建"众创空间—人才楼宇集群—特色科技园区"的链式孵化平台，使人才、产业向特色小镇集聚，形成创新创业的小镇模式。针对人才初次创业"开门七件事"等难题，出台扶持"双创"人才的政策，将其称为"西湖黄金20条"，给予证照办理、启动资金、办公场地、项目合作、融资贷款、申请上市、人才落户、人才住房等方面的支持。如对携带项目回国创业的高端人才，给予50万～1000万元资助；对顶尖人才实行"一事一议"，最高给予1亿元资助。政策实施以来，已成功引进施一公院士的生物学项目、饶毅教授的基础医学项目等，形成"政策引才、环境引才、以才引才"的放大效应，已带动800余名高层次人才前来创新创业。[②]

多种生产要素的集聚对于创新创业来说是一件十分重要的事。近年来，云栖小镇积极引入银杏谷资本、云锋基金等知名企业为创业者提供

---

① 《创新制度供给》，http://zjnews.zjol.com.cn/system/2016/02/02/021011443.shtml。

② 《云栖小镇 梦想在云端启程》，http://www.taiwan.cn/cyjd/jddt/201607/t20160715_11509819.htm。

投融资服务，主要是为了加快人才、资金、场地等要素的集聚。相关责任部门以"我负责雨露阳光、你负责茁壮成长"为核心，主动放下身段，服务企业的创业创新，对企业在项目审批、土地使用、资金筹措、设施配套、资源配置等方面遇到的问题，提供有力支持，多说"Yes"少说"No"，着力营造更加适宜的"创业气候"，提供更加肥沃的"土壤"，创造更加宽松的创新环境，让广大企业在云栖小镇发展得更快、壮大得更强。杭州市人大常委会做出《关于促进改革创新的决定》，明确地提出："允许试错、宽容失败，营造全社会改革创新的良好氛围；建立市、区县两级领导联系创业创新企业制度；对创新型领军企业、正在崛起的新生代企业家和大学生创业者，从各方面给予关心、帮助和支持。"①

三、坚持市场主导和政府引导相结合

浙江省前省长李强强调："规划建设特色小镇，是推进经济转型升级的新载体。各地、各部门要谋定而后动，加强规划，着力在彰显特色、功能叠加、项目推进上做文章；同时，要建好'小镇客厅'，集中展示小镇产业、文化、生态特色，提升小镇形象。"

1. 重新定位政府"服务角色"

运用市场机制，创建制建设特色小镇，是政府工作的重大创新。所谓创建制，就是明确目标、竞争入队、优胜劣汰、达标授牌。通过打造特色小镇，政府摒弃"先拿牌子、政府投资、招商引资、大包大揽"的传统做法，探索"目标先导、政府引导、市场主导"的新机制，走出的是"宽进严定、动态管理、政策激励、验收命名"的新路径，推动全省的经济转型升级。浙江省在对包括云栖小镇在内的特色小镇进行申报审定时，遵循实事求是、因地制宜的原则，即根据当地的历史文化传统、环境气候、产业发展以及人文基础等现实条件来判断是否适合创建，如此有针对性的"宽进严定"的创建方式改变了过去审批制的方式，避免了以往经济开发区"一哄而上"的发展模式。

---

① 《杭州大力推进特色小镇建设》，http://cx.xinhuanet.com/2018-11/15/c_137607468.htm。

　　特色小镇的建设期为3～5年，为确保在建设期内真正建成一批特色小镇，实施优胜劣汰的动态管理。坚持把年度实绩作为实施进退机制的唯一标准，对完不成年度目标的省级特色小镇创建对象，予以退出；对年度投资完成10亿元的省级特色小镇培育对象，次年直接列为创建对象，形成落后退出、优胜者上的竞争创建机制。[①]同时，建立特色小镇统计监测指标体系，开展季度和年度监测，作为兑现政策和动态调整的基础，促使特色小镇紧盯目标，主动创建，快跑快干快出成效。事实上如果不具备有利条件，硬性地、任务式地发展特色小镇很可能劳而无功，前期大量的投入不一定能达到预期效果，甚至会出现烂尾工程。[②]为激励项目主体推进特色小镇建设，在政策兑现方式上进行了创新，确保政策和要素保障的落实同项目建设同步。根据浙江省政府的相关政策措施，特色小镇只有在年度考核合格或验收命名后，才能获得土地和财政方面的支持：土地要素方面，对如期完成年度规划目标任务的，浙江省按实际使用指标的50%或60%给予配套奖励，对三年内未达到规划目标任务的，加倍倒扣奖励的用地指标；财政方面，特色小镇在创建期间及验收命名后，其规划空间范围内的新增财政收入上交省财政部分，前三年全额返还、后两年返还一半给当地财政。[③]

2.用市场力量培育"生态圈"

　　破除限制新技术、新产品、新模式发展的不合理准入障碍，建立激励创新的公平竞争环境。让小镇中的行业领袖、技术专家、企业高管、中小创业者等，在产业链的不同环节扮演好各自角色，构建"共生共荣"的生态圈层。

---

① 《浙江：创建特色小镇 推进创新转型》，http://fgw.zjtz.gov.cn/art/2015/7/24/art_10742_517650.html。

② 浙江省首批特色小镇创建名单中，主要看特色小镇是否成熟，是否符合省里指导意见的要求。作为民营经济发祥地、块状经济的温州市只有2个，而旅游城市舟山一个也没有。

③ 《浙江打造首批37个特色小镇 三年拟投资2400亿元》，http://zjnews.zjol.com.cn/system/2015/06/17/020700498.shtml。

3.用法治手段保护市场创新

作为国家知识产权保护示范城市，杭州市率先实施《杭州市网络知识产权保护管理办法》，通过引进世界专利数据库等技术手段，强化政府监管和第三方平台运用，切实保障市场创新。浙江省工商局加大对侵害入驻企业的商标、企业名称等知识产权和侵害商业秘密等不正当竞争行为的查处力度，有效保护创业创新的积极性，维护公平竞争的市场秩序，推动特色小镇健康持续发展。[①]

四、优化人才创业生活环境

杭州市在举办G20峰会的同时，还出台了《杭州市加快推进城市国际化行动纲要》，完善了国际化的交通、体育、场馆、教育、医疗设施，营造国际化的宜居环境、营商环境、语言环境、宣传环境，让更多高端人士落户杭州。云栖小镇在建设过程中，坚持打造自然环境与创业环境生态化，按照打造产业生态小镇的标准，引导整合提升原有业主物业的建筑品质；加快实施道路、绿化等景观提升改造，使建筑与优美的自然环境和谐统一。

为加快小镇的建设速度，迅速形成云产业生态集聚，迫切需要在房租补贴、配套建设、环境打造等方面加大政策扶持力度。但是，在这方面，云栖小镇在创建之初却与杭州市其他城区存在明显差距，招商优势得不到彰显。与此同时，云栖小镇虽然有良好的区位条件、生活成本低等优势，但是由于地处城乡接合部，周边城市化综合水平整体偏低，配套设施建设相对滞后，"吃、住、行、游、购、娱"等与生活相关的配套设施不完善，无法满足入驻企业生产和职工生活的需要。因此，在将工业园区改造成小镇过程中，西湖区云栖小镇管委会主要开展了以下几方面工作。

（1）置换原有建筑的权属与功能，设立创业创新引导区，加快产业聚集。在小镇范围内设置20000平方米创业创新引导区，为优质创新型涉

---

① 胡振华、沈雁、何颖：《浙江工商出台支持特色小镇加快建设新政》，http://www.zjscdb.com/detail.php?newsid=132662。

云企业打造"拎包入驻"式免租区域，缩短企业入驻周期，推动云栖小镇产业集聚。云栖小镇可用于发展的楼宇面积约100万平方米，绝大部分归属前几批进驻园区的制造业企业所有。小镇建设初期，园区管委会一度怀有顾虑，担心建筑权属会成为小镇产业升级的阻力。实践发现，"企业主体"的做法在存量空间改造过程中依然发挥出重要作用。一些资金短缺的企业主动联系管委会申请出售房产；另一些经营能力较强的企业自发按照小镇风格进行改造装修，通过让政府回租或让政府推荐涉云企业租用的形式发展楼宇经济；还有一些企业看到小镇的云产业集聚趋势，主动清退建筑内原有工厂，直接将楼宇改造成为工程师公寓或小镇配套设施等，完成自主转型。目前在云栖小镇，政府回购、企业改造和企业自主转型三种置换模式共存。[①]

（2）建立超级孵化器，加快创业创新氛围建设。结合"浙江省级高层次人才创业创新基地"，打造5000平方米的"云栖小镇超级孵化器"，为初创型企业及人才提供即入驻即创业的办公场地。

（3）优化配套设施的扶持，加快完善小镇配套建设。鼓励自有产权的小镇业主设立如餐厅、食堂、咖啡厅、图书吧、超市等配套服务设施，营造宜居宜业氛围。在云栖小镇内，行业领袖、技术专家、企业高管、互联网开发者的身影随处可见，很多项目路演的场所都选在"云咖啡"咖啡馆，参与者常常就某一行业热点话题各抒己见。之前，出于交通运输、安全生产等因素考虑，工业园区的建筑立面单调，道路整齐划一，非常不利于营造小镇的交往氛围。因此，园区管委会委托南方建筑设计院，对小镇入口主干道进行"一路一公园"设计改造，提高步行空间比例，增加沿街建筑底层的经营场地。

（4）设立云栖小镇专项基金，加快小镇产业生态建设。每年设立总额为500万～1000万元的云栖小镇产业扶持专项基金，用于小镇企业成长扶持、产业活动举办、产业生态和人文项目建设。

---

① 张雪：《从郊区小镇到全球焦点——西湖云栖小镇的嬗变》，《小城镇建设》，2016年第3期。

（5）设立工程师社区，加快小镇创新人才聚集。选用小镇B-25地块，按照需求分步实施，设立万人规模的工程师社区，营造创业创新与宜居宜业相匹配的配套环境。总投入约3.24亿元，10年收回成本。可以自建或引入社会投资建设。

另外，西湖区还在小镇集中了浙江省最好的教育资源。面对来自海内外的各路英才，西湖区拿出了最好的教学资源；针对"就学难"问题，出台了相关海外高层次人才子女入学规定，开辟了绿色通道，只要人才有需求，西湖区都想方设法予以妥善解决。[①]

第三节　"云上"小镇

云栖小镇是浙江省首批创建的37个特色小镇之一，依托阿里巴巴云公司和转塘科技经济园区两大平台，定位在"以云计算大数据为技术核心，打造云生态，发展智能硬件产业"。作为云计算产业生态聚集地，小镇围绕云计算产业的特点，运用大数据将简单数据变成生产要素，构建"共生、共荣、共享"的生态体系。

一、小镇企业

"特色小镇正在成为现代创业群体集聚的首选地和加快产业转型升级的新载体。"云栖小镇作为云计算产业生态聚集地，镇内企业正在运用超强的计算能力，将一堆海量的数据，变成对人们有用的产品。小镇通过打造"一批创新创业代表人物、一个创新运作模式、一个高端新兴产业、一个全新产业生态、一个世界级的云栖大会"，借助互联网，传遍全世界。

1. 威锋网（feng.com）

威锋网成立于2007年1月10日，自建立之日起一直是最具人气的中

---

① 吕钢峰：《将云栖小镇打造成世界创业创新天堂》，《杭州（周刊）》，2015年第4期。

文iphone社区，给广大iphone手机爱好者提供了一个自由交流、探讨、学习的平台，为iphone手机在中国的应用及普及发挥了领军作用。

威锋网现已有超过600万注册用户，覆盖超过2000万高端数码玩家群体。"团结、互助、分享、快乐"的宗旨使威锋网成为苹果爱好者的集聚地。在这里，威锋网提供iphone技术及应用讨论平台、最新最热的iphone应用，"果粉"可以在这里与超过2000万苹果中文用户展开讨论和互动。威锋网还搭建以Apple为主的信息发布平台，在此可以了解到最新最全的苹果以及科技资讯新闻、最详尽最实用的玩机教程、最新最潮的苹果周边配件。WeiPhone Dev Team积极开发各种适合国人使用的iphone应用软件（WeSMS、Wetool、iSMS、Wedict、Wefit等），还提供游戏、电影、音乐、软件、壁纸、主题等，供人们免费下载。

同时威锋网还致力于打造多样化的产品线，现在已拥有威锋新闻、威锋论坛、威锋游戏、威锋商城四大主要平台业务，涵盖媒体新闻资讯、社区交流、游戏资讯及发行、高端数码产品及配件专售等方面，拥有和发布了威锋源、兔兔助手、威锋客户端、商城客户端等一系列软件产品，发行了jump、逐鹿天下等系列游戏，覆盖超过5000万苹果用户，努力为苹果用户提供一系列优质的专属服务，成为千万"果粉"的大本营。

2.杭州由零开始信息技术有限公司

杭州由零开始信息技术有限公司是一家专注于移动互联网创新的高新科技公司。公司拥有一大批高学历、高素质雇员，其中80%以上具备本科及以上学历，核心成员主要来自国内重点高校。公司地处杭州市云计算产业园内，产品主要依托云计算及大数据技术，通过不断创新来满足日益增长的大众生活的需要。

目前公司主打产品招聘软件"聘天下"，是一款针对当前社会找工作难、找人才更难现状而提出的解决方案。通过使用移动互联网概念打破招聘企业与求职个人之间的沟通障碍、搭建企业与人才的桥梁，从而实现零距离找工作、零成本招人才的目的。

3.数梦工厂

杭州数梦工场科技有限公司成立于2015年2月，是阿里巴巴集团投资的新型"互联网+"企业，同时也是阿里云的使命级战略合作伙伴。总部在浙江杭州云栖小镇，在北京、杭州两地同时设有研发中心及创新研究院。数梦工场以"以云为基、数据环流、互联网+、安全可控"为四大着力点，秉持开放合作的理念，携手合作伙伴全面助力实现"青山绿水、民生幸福、社会安定、经济繁荣"的美好梦想。

为了实现互联网时代的梦想，数梦工场秉持以人为本，"共享、分享"的经营理念，制定并实施"2K"战略，组建高效率、高质量的开发、服务和营销队伍；同时携手国内外顶尖应用开发商、系统集成商、运营投资者，把全球领先的互联网实践成果转化为中国各行各业创新的基础设施和实现工具，业务质量及效率得到巨大提升，实现互联网时代、数据技术时代的业务变革。

基于阿里飞天平台，数梦工场坚持以云和大数据的整个产业链进行自主创新和开发，不断引领技术创新发展信息经济，为行业客户提供大规模、低成本、高安全、自动化、定制化云计算及大数据服务能力。同时该公司还专注政企，提供DT平台及服务。当前公司的主要产品包括云计算、云数据库、大数据、应用服务平台、数据服务平台。

云虽然为企业带来更高效、更具弹性的服务，不过在把关键应用放在共享环境之中时，不少企业依然存在顾虑。企业更希望将核心业务数据存放在私密性更高的专有云中，但同时又希望可以获得公共云这样经济的计算资源。针对这种应用场景，数梦工场为客户提供混合云的解决方案，通过DTCenter管控平台统一管理公共云和专有云。

（1）DTBase云数据库解决方案。数梦工场DTBase云数据库解决方案包含自主可控、统一界面的管理平台，提供数据库备份、迁移、安全、高可用、运维等一系列工具，支持MySQL、PostgreSQL、PPAS、SQL Server等主流数据库引擎，可服务于政府、军工、电信、金融、电力、卫生、教育、工业等行业。

（2）DThink大数据解决方案。数梦工场DThink大数据解决方案提供海量数据的存储和计算能力，其核心模块是各种功能强大的数据计算引擎。

（3）离线计算引擎ODPS。提供超大规模数据的离线计算能力，支持万亿级数据JOIN、百万级job并发、每天PB级I/O吞吐。

（4）实时OLAP计算引擎ADS。提供海量数据的实时计算能力，支持千亿级数据的毫秒级多维透视、毫秒级的多个大表关联计算。

（5）流计算引擎OSPS。流计算引擎按照预先建好的模型对流表中的数据进行实时计算，可以实现海量数据的毫秒级响应。

（6）DThink大数据解决方案。结合不同客户不同场景的大数据应用需求，提供DThink集群和DThink一体机两种交付形态。

（7）DTable应用服务平台。作为数梦工场推出的应用服务平台，其思想是将云应用软件研发的平台作为一种服务来提供，如应用程序接口（API）服务或应用运行服务，用户基于这些服务构建业务应用。从用户角度来说，这意味着他们无须自行搭建开发平台。

（8）DTalent数据服务平台。其为政府和大型企业客户提供海量数据的运营和管理能力，其中DTalent主要包含以下模块：数据交互服务平台、数据开发平台、数据分析平台、机器学习平台、ETL工具、元数据管理。

4.杭州市电子商务促进会

杭州市电子商务促进会是由杭州市商贸旅游集团有限公司、祐康食品集团有限公司、浙江珍诚医药在线股份有限公司、华数网通信息港有限公司、杭州网络传媒有限公司、浙江文创控股集团有限公司六家单位共同发起、筹备成立。

杭州市电子商务促进会坚持"构筑平台、凝聚资源、创造价值、和谐共生、合作共赢"宗旨，提高企业电子商务管理和技术水平，促进电子商务的发展，使之成为政府与行业、行业与企业及企业之间的沟通平台，政府制订政策、反映企业需求的咨询平台，以及推动制定电商行业行规行约、质量标准的平台。

（1）在业务推广方面，杭州市电子商务促进会协助政府有关部门在创新电子商务形态、扩大电子商务应用范围、标准规范建设、质量管理、人才培训交流等方面对全行业进行指导、管理、服务和协调；协助制定有关电子商务的发展规划、政策、法规及地方、行业标准，并推动其贯彻，引导会员认真遵守。

（2）开展电子商务及商贸服务业信息化发展状况调查、行业共性情况收集，关注国内外行业动态，研究行业发展方向，探索行业发展规律；开发信息资源，编辑出版刊物，及时向会员及有关政府部门提供电子商务和商贸服务业信息化发展现状、趋势及经济预测等信息，做好信息咨询服务。

（3）提升行业整体水平，开展电子商务和商贸服务业信息化建设行业研讨、学术交流，组织行业优秀企业家、电子商务示范企业（园区、楼宇、平台）等的评选、宣传、推广，普及行业知识，举办技能培训和比赛。推动行业创新与发展，提高本行业产业链的整体服务水平和企业经济效益。

（4）依法维护企业的合法权益和本行业的声誉，维护本行业的共同利益。推动制订和推行行规行约、行业质量标准等，规范经营行为，加强企业的自律意识，引导会员向规范化企业推进，促进公平竞争。

（5）组织行业之间的交流和开展各项联谊活动，为会员间的交流提供服务。组织各类商务考察和交流活动，积极发展与国内外相关行业的交往，开展经济与技术方面的合作与交流，组织国内外电子商务和商贸信息化服务技术新产品、新技术展览、展销、推广，为企业开拓国内外市场服务。推进企业之间的横向经济合作，促进行业健康稳定发展。

（6）接受企业委托，组织专家对企业的经营管理提供咨询服务，开展行业技术改造、技术引进、技术转让项目的可行性研究和论证、监理、评估工作，为企业决策提供咨询服务，促进企业提升经营管理和增强行业竞争能力。

5.杭州哦耶科技有限公司

杭州哦耶科技有限公司是一家集研发、生产、销售室内外无线路由器、网络机顶盒、网络电话机及电脑周边产品的高科技外资独资企业。公司成立于2004年，于2014年迁至西湖区云计算产业园。目前公司生产的"哦耶"牌无线路由器等系列产品，主要在各大电商平台上销售，产品覆盖家庭、办公及室内外广告营销领域，在全国30多个省、市、自治区不设实体店和电商代理的情况下，直接面对客户，让利给广大消费者，迅速拥有了一支庞大的消费群体，且为许多知名的网络运营商定制生产大量的室内外营销广告无线路由器。"哦耶"完全自主拥有该产品知识产权及多项专利，在全国率先提出"致力于中小型计算"概念。2015年5月16—18日，其主打哦耶路由器产品参加了浙江首届硬件博览会。

6.杭州电子商务研究院

杭州电子商务研究院作为产学研一体化的研究机构，依托西湖区国家电子商务示范基地、浙江工商大学的浙江省重点科技创新团队和浙江省重点实验室等资源，共同攻关开发解决电子商务行业中的共性关键技术和基础性技术难题，为杭州市电子商务产业发展提供课题研究、规划设计、决策咨询、社会培训和信息交流服务。

研究院联合阿里巴巴商学院共同编制完成了多项电子商务产业发展规划和电子商务产业园区规划。规划成果不仅有利于形成战略规划文本，而且推动和加强了战略规划与具体落地执行的有机融合，帮助地方政府对接阿里巴巴电商服务资源和其他服务商资源，从而实现地方政府电商规划的落地实施。

同时，研究院在帮助传统企业转型、互联网企业商业模式升级、县域电商创业咨询等方面积累了丰富的咨询案例和样本，其中有中国首个互联网+饮料、互联网+能源、互联网+家居市场、新材料行业网、跨境电商网等O2O、B2B、B2C互联网项目。

（1）电商产业规划。"TDC三力模型"是研究院在多年的规划实践中，总结提炼出来用来指导县域电商顶层设计的理论工具。模型中的

"三力"具体指的是发展趋势力（trend）、区域差异力（difference）和本地竞争力（competitive）。"三力"分别从宏观、中观、微观三个层面，帮助县域进行电商发展顶层设计的准确定位。

（2）企业转型资讯。互联网带来信息、渠道、产品、服务等商业井喷现象。面对纷繁复杂、瞬息万变的互联网时代，传统企业如何才能拨云见日，找到适合自身的商业模式，成功转型？企业"互联网+"转型究竟如何成功落地？如何避免进入转型误区，同时扬长避短，最大限度地降低转型成本与减少风险？"互联网+"的本质在于互联网化。企业互联网化如何再造运营模式、管理机制以及组织结构，进而重塑企业的价值链环节？通过易观资深咨询教练与导师的互动与指导，成功实现"互联网+"转型，最大限度地规避风险与转型误区。根据企业自身的行业环境与资源背景，为企业量身设计最具操作性的"互联网+"转型路径与方案。同时，设定可量化的目标，分阶段、有步骤、有节奏地跟进执行。作为传统企业"互联网+"首选合作伙伴，易观一直致力于协助企业进行互联网化转型落地实践，并根据企业长期发展目标与变化加以优化迭代，包括人才培养招聘、组织运营管理、供应链协同、资源对接与整合等一系列问题。

（3）行业转型咨询。移动互联网、物联网和大数据时代，信息的产生、存储、传输、计算能力急剧扩大，打破了时间、空间、人与人之间的信息流通障碍，用户、流量和数据成为产业的核心竞争要素，传统产业不断被弯曲、打碎和重构，跨界产业颠覆加速，在产业重构大环境下，成立传统产业移动互联转型升级事业部，致力于为传统企业向移动互联转型升级提供战略设计、人才培养、软件开发、产业投资等系统解决方案，帮助企业在产业快速变迁中转型和升级。

（4）创业项目咨询。准确的创业信息、专业的创业指导是创业成功路上必不可少的辅助力量。评估客户现有服务模式、业务流程，挖掘内部问题，分析竞争对手商业模式及服务策略；深挖用户需求，提炼机会点，如人群分析定位、行为趋势、关系网络、同理心分析、消费者体验图、焦点小组、可持续性分析、问卷调查等；根据产品目标人群需求、商业模式、服务模式，确定核心功能；通过分析用户体验地图及用户体验场景以及竞争对手服务流程，挖掘现有服务流程问题，探讨流程重塑机会。

二、云栖联盟

云栖联盟是2013年10月24日阿里云开发者大会上，阿里云作为牵头单位，与另外32家[①]希望共同将中国云计算做起来的重要合作伙伴、客户共同发起成立的云栖小镇联盟。希望通过这样一个组织，能够让云生态链中的企业互相交流、共同解决云计算发展过程中的问题，推动云计算的发展。在云栖小镇联盟成员中，既有20000余人的中软国际，也有仅3人的博客园；既有浙江省交通信息中心，也有北京玩蟹科技这样的网游创新企业。王坚院士表示："联盟希望能够携手更多云计算企业在更深层次上推动产业变革，在以云计算为基础的创业创新基地中，每一个开发者就都能与大公司站在同一起跑线上，拥有和大公司一样的能力，去做他们想做的创新。同时，让传统企业也有和互联网企业一样去创新的能力。"以下对其中的部分成员做一介绍。

1.杭州安存网络科技有限公司

杭州安存网络科技有限公司（Ancun.com）是一家专业致力于提供证据留存、证据获取、证据管理等法律服务产品的互联网运营商。安存公司打造了一种全新的司法信息化模式，拥有专业的安存电子保全管理系统，既符合现行的法律法规，又连接国家权威机构用户身份认证系统，并且获得多项国家专利。安存网法律服务产品方便实用，安全性高，稳定性强，让客户安心放心，更是凭借高度的前瞻性经营思路，规范化的市场运作以及精细化的管理模式和优质高效的服务质量，赢得了多家合

---

① 首次会议的云栖小镇联盟成员名单分别是：阿里云、华数、四川电信、香港名气通、阿里云创业创新基地、杭州湾信息港、浙江省交通厅信息中心、浙江省水利厅信息中心、开源中国、安存、玩蟹、玩客、够快、银杏谷基金、中信、天津、天弘基金、中软国际、科蓝、恒生、金证、众安、普元、博客园、威锋网、CSDN、ITvalue、Teamcola、趣拍。

作机构的一致认可，受到了广大客户的广泛赞扬。

安存科技最重要的产品是安存电子保全管理系统。该软件在第三方认证服务器上以实时加密形式保全用户在商务或工作往来过程中产生的数据电文、图片［包括但不限于电子数据交换（EDI）、电子邮件、即时通信］，前端集成了邮件数据采集、语音数据采集、视频数据采集、即时聊天数据采集、网页数据采集、电子文档数据采集等服务内容，后端融合了电子保全出证、灾害备份恢复、知识产权认证、信息安全管理等增值服务通道，可以广泛运用于企业电子合同交往、网络订单、网络著作权权属（原创网络文字作品、美术摄影作品、音乐影视作品）、商标权维权、专利权维权、即时聊天记录、网络侵权取证等方面的保全服务。

安存电子保全管理系统软件可实现几大功能，主要包括合同公证、重要资料保全、网页拍照、行为录制等。为有效防止域名抢注、网络盗版、名誉权侵犯等侵权事件的发生，采取对视频、图片、文本、网页、音频、聊天记录、电子合同等重要资料进行加密操作，从而生成证据包的做法。当用户因合法权益受到侵犯，向公证处申请出证时，该软件所保全的电子信息为当时发生的事实真相提供了最有力的证明，从而为避免发生争议提供了最具有法律效力的安全保障。

在技术方面，为了充分保证数据信息的真实性、关联性、完整性和安全性，并使之具备法律效力，系统采用独特的电子证据技术，并结合了世界先进的安全储存技术。

2.天弘基金管理有限公司

天弘基金管理有限公司成立于2004年，是经中国证监会批准成立的全国性公募基金管理公司之一。2015年6月末，天弘基金公募资产规模达到6685亿元，含专项专户子公司产品在内，总资管规模9479亿元，均排名行业第一。截至2015年6月30日，天弘基金用户数超过2.2亿人，是国内用户数最多的基金公司。公司的经营理念始终是以"绝对收益"为核心，"稳健理财、值得信赖"，并围绕此理念致力于打造一家引领互联网金融浪潮、注重创新、注重为客户创造价值、有社会责任感的新型基金管理公司。通过十余年不懈努力，不断创新，推出国内首只发起式基金、首只养老基金、首只AB分开募集的分级债基、首只互联网基金，稳步跻身基金行业第一。①

天弘基金的战略发展方向主要有两个，一个是将互联网精神融入金融创新的实践，真正践行"客户利益至上"的理念，竭尽所能为客户创造便捷贴心的投资体验，追求臻于至善的产品设计，做互联网金融产品的提供者；另一个是以中低风险产品为主，大力发展固定收益业务，坚持做以"绝对收益"为核心的新型基金管理公司。

大数据对天弘基金起到了很大的支持作用，其作用主要体现在以下两个方面。

（1）投研中心。天弘基金首创建立研究大数据平台，用互联网改造信息获取方式，利用更广泛的数据源，更直接、更深层次地渗透到各行业大数据体系中，利用自身的数据信息优势和算法模型优势，降低投资风险，帮助用户获得长期稳健收益。例如通过海量数据，准确把握各行业的量价数据，分析行业增长真实情况，通过品类传导测算经济实际运行情况，不断领先资本市场对未来趋势做出判断。同时，天弘内部信用研究借助大数据分析，注重风险把控，将互联网化大数据分析融入内部信用研究，使其具有独特的竞争力，从而有助于对发债企业的信用做出更具前瞻性、更全面、更高效的客观评定。相比外部评级机构，天弘内部信用研究奉行审慎稳健的信用债投资理念，独立研究，更加强调定量分析和定性分析相结合，挖掘天弘在股票分析、大数据分析上的优势，综合考虑宏观经济、行业情况以及财务报表等。

（2）大数据中心。2013年天弘基金与支付宝联手推出余额宝，2014年天弘基金开创行业首个大数据中心。大数据中心围绕客户交易和行为做大数据的挖掘，包括围绕余额宝客户行为展开的流动性管理的大数据

---

① https:www.huodongxing.com/。

分析，以及基于容易宝系列电商产品等客户交易行为的分析，用数据指导运营思维，协助运营等工作，具体的工作包括产出数据仓库建设，数据清洗、加工与数据融合，数据分析与挖掘，以及数据应用等商业智能成果。同时，余额宝数据监控系统以及众多模型训练和数据挖掘，能够精准分析余额宝的招财宝、信用卡还款、花呗、节假日等各种应用场景，从而为应对"双十一"的流动性管理提供了重大价值。此外天弘基金实行BI制度，快速响应业务需求，优化需求管理，以及内部协同的制度，围绕数据组织业务，重点为业务运营和品牌公关提供数据智力支持。

3.趣拍

趣拍是一个手机短视频拍摄和分享应用，用户可以便捷地拍摄时长不超过8秒的创意短视频。通过添加丰富的音乐、滤镜、动图和iMV特效，可制作出富有趣味的视频。短视频SDK（视频美颜、视频编辑美化、视频本地压缩）可附加在各种UGC（如旅游、母婴、美食、宠物、体育爱好等）垂直类社区，也适用于综合类社区、交友类App、电商类应用及有私信、聊天界面的App。趣拍创造了全新的社交和分享方式，让人们随时随地与朋友及朋友的朋友之间分享视频和互动更方便。曾荣获"2013年度品牌奥斯卡最受19楼千万消费者喜爱的生活App"和"2014年阿里云的飞天大奖"。

趣拍云，是国内唯一一家提供短视频+直播端到云整体解决方案的移动视频服务商。作为国内领先的移动视频产品开发平台，趣拍云不仅提供专业的短视频客户端采集编辑SDK，具备美拍、FaceU这样的产品技术能力，同时还可以将C端产品创新能力直接应用于B端业务并商业化。其与阿里云深度合作，平台完全基于专业的跨平台视频编码技术和阿里云CDN流媒体加速，属于阿里云生态，为开发者解决端的开发难题的同时，提供高效的云服务，彻底解放了开发者双手。趣拍提供一站式直播接入，可实现教育直播、生活直播、美女主播、户外直播等实时直播功能。支持实时美颜和滤镜、中途摄像头切换、全时自动对焦、全自动重连等多种功能，让直播接入更简单，服务更流畅、稳定。

4.中电云集

中电云集（Chinaccnet.com）隶属于杭州云集通信科技有限公司，位于西湖区转塘云计算产业园中，是一家拥有中华人民共和国增值电信业务经营许可证，获准经营因特网数据中心业务（IDC）、因特网接入服务业务（ISP）及移动互联网服务的多元化增值电信运营商。公司以运营自建型互联网数据中心为主，同时兼以计算机网络技术管理，技术开发，技术服务、转让，实业投资，投资管理为辅。

随着云时代的到来，2011年中电云集成为阿里云代运维指定合作服务商，独家负责阿里云万网迁云服务。2012年中电云集与阿里云签署战略合作伙伴协议，成为阿里云的承销商之一。2013年中电云集与360达成合作，成为防黑联盟之一。同年推出智慧云产品并获得阿里云开发者大赛凌云奖，广受认可。2014年中电云集与阿里云深入合作，成为第一批阿里云镜像提供商。2015年5月中电云集与腾讯云达成合作伙伴关系，为腾讯云提供优质镜像产品；8月公司全部改版，为用户提供轻便云产品，助力用户上云。2016年中电云集推出香港独立IP云虚机；6月中电云集虚机系统多脚本切换功能增加了PHP 7.0，成为国内首家支持PHP 7.0的云虚机提供商，至此中电云集虚机系统已经支持PHP 5.2/5.3/5.4/5.5/5.6/7.0、JAVA 1.6/1.7/1.8、ASP、NET随意切换。

5.浙江协同数据系统有限公司

2001年10月，浙江协同数据系统有限公司正式成立，它是浙江省内最早提出并深入研究与实践数据资产管理的服务型公司，致力于数据资产的管理与研究。立足数据管理与应用的研究与开发，专注于为客户提供数据资产管理与增值服务的整体解决方案，并为政府、交通、社保、卫生等众多行业提供产品与服务，分享数据带来的价值。公司定位主要有以下三个方面：

（1）技术定位。包括：数据资产管理与服务平台；数据目录管理技术、数据采集技术、数据交换与整合技术；数据挖掘与分析技术、数据可视化技术、数据发布技术、基础地理信息技术。

（2）服务定位。包括：数据资产管理与增值应用外包服务；数据存储服务、数据归档与保护服务、数据采集与整合服务；数据分析服务、数据发布服务。当前，省内外200多位客户已经享受到了协同数据所提供的数据资产相关服务。公司在2007年通过了计算机系统集成三级资质和软件CMMI 3级认证，在2009年通过了ISO9001：2008质量认证，这些举措都是为了确保服务品质。

（3）行业定位。其核心行业为交通运输及关联行业，并面向智能交通的应用领域。拓展政府相关行业，促进政府信息资源的应用水平。产品相继在浙江省劳动保障厅、浙江省交通厅、浙江省公路局及多省交通厅等诸多单位得到应用。其中所承担的省级公路交通信息资源整合工程和公众出行服务工程作为中国交通部的示范工程，已经在全国进行推广。

协同数据的产品主要有：①协同云数据应用（CDS DT），面向最终用户的平台铲平，为各类业务提供发布应用的前端框架，从而帮助用户解决数据展现问题。CDS DT拟提供支持三种平台，分别是Android（手机）、IOS（iPad）和PC版（BS版本），其中应用发布和管理功能仅支持PC版（BS版本），移动平台主要是展现功能和界面布局功能。产品打破功能模块对具体应用的依附关系，以工作区为容器的功能组建涵盖所有客户应用需求，功能组件仅以不同的应用主题进行归类。用户可以在创建的工作区通过自由拖拽构建组合个性化的工作桌面，支持换肤。任何第三方开发的构件都能够无缝接入平台并展现，只要第三方开发的构件遵循CDS DT的通讯规范和界面的UI规范。②协同数据分析平台（CDS DA）可以做到无须编码，只配置文件就能创建构件即席查询、数据变革、多维分析图、KPI等构件。产品可提供快速创建查询、数据表格、各种图表、KPI等展现方式的应用构件，实现低成本、快部署、可定制。与此同时，用户想要获取数据可以快速通过各个分析维度，通过不同的维度、不同的粒度对数据进行立体分析，从而获得有严密推证关系的信息。此外，与协同数据云应用平台结合，为各类数据查询分析应用提供统一的基础设施平台和面向主题的集成展现框架，提供整体业务应用的解决方案。③协同数据质量管理系统（CDS DM）是一种数据管控产品，它是以元数据管理、数据质量管理为核心的。该系统可以实现从数据模型、数据建库、数据产生、数据交换与服务的全过程的校验、稽核和审计，解决数据资源的规范性、可用性和有效性问题，为高质量的数据共享和决策分析提供保障。产品核心功能可配置化，只需要简单的配置，即可对指定的数据源的表及其字母段进行标准复合型审查及数据质量审查。针对标准复合型审查，能够精确地指出是什么字段与标准不符合及不符合的原因。针对数据质量审核，能够精确地计算出数据合格情况，并支持对不合格数据的明细进行查看及导出。同时，系统可针对数据质量管控所有的任务，进行灵活调度配置。通过周期性地执行任务，可直观清晰地反映出数据质量改善情况。④协同地理信息服务平台（CDS DG）是一个综合地理信息应用系统，可以保证地理数据的时效性。应用系统的数据整合方案提供了一套交通地理数据模型、一套交通地理数据采集更新规范、一套交通地理数据处理规范、一套交通地理数据图示符号标准。产品能够对接任何第三方地图，自主封装地图API，用户使用时不用关心接入的是哪方地图。并且每个功能都是模块化、相对独立的，针对不同的业务场景可快速进行不同的功能配置并可展观。该平台基于一张图的方式提供对行业业务场景的展观，一眼就能从地图中获取业务信息，操作快速方便。⑤协同数据交换平台（CDS DE）由ETL流程设计器、任务调度引擎、任务监控平台等部分组成。该产品完全给予Java开发，支持多种操作系统平台，具有良好的可移植性和可扩展性。能够支持38种主流数据库、多种文本数据，支持多种通信的数据采集交换，同时，提供多种数据库转换工具用以支持不同数据之间的复杂格式转换和加工处理。协同数据交换平台是一个具备功能强大、运行稳定、性能出色等诸多特色的数据交换平台，已经在众多的大型项目中得到了充分的使用和考验。其有丰富的组件，支持拖拽式搭建任务模型，易于使用的设计界面。同时，提供了基于Java的脚本编写功能，可以灵活地自定义ETL过程，使自行定制、批量处理等成为可能。

第四节　杭州创业创新的相关政策

《2015年政府工作报告》提出"大众创业、万众创新"后，各地纷纷出台了创业创新政策，举国上下掀起"大众创业、万众创新"的热潮，有效推动"大众创业、万众创新"，成为经济发展新常态下稳增长、调结构、惠民生的重要举措，对增强经济内生动力、推动创新驱动发展、促进经济提质增效具有重要意义。杭州市是我国开展创业创新较早的地区，根据《国务院办公厅关于发展众创空间 推进大众创新创业的指导意见》（国办发〔2015〕9号）精神，制定了《杭州"创新创业新天堂"行动实施方案》，不断将本地区的创业创新现状与创业者、创业企业的实际需求相结合，在国内创业创新领域具有典型的示范与带动作用。杭州在创业创新方面大力发展信息经济，推广智慧应用，促进了区域创业创新的全面发展。

一、财政政策对创业创新的支持

促进创业创新持续发展的必要条件就是要进一步完善财政政策，因为财政资金的扶持与创业创新活动是紧密相连的。财政政策的有效实施能够加快众创空间等新型创业服务平台的发展，形成良好的创业创新环境，激发广大群众的创新活力，有利于打造经济发展新引擎，促进大众创业、万众创新良好局面的形成，从而提升整个国家的科技创新水平与综合国力。

1.创业服务平台建设的相关政策

为了大力发展适合"互联网+"的众创空间，杭州市发挥政策的集成和协同效应，通过创新与创业相结合、线上与线下相结合、孵化与投资相结合，打造一批低成本、便利化、全要素、开放式的众创空间，为广大创新创业者提供良好的工作空间、网络空间、社交空间和资源共享空间。

自"众创空间"等新型创业服务平台出现以来，杭州市相关政府部门相继颁布《关于进一步支持大众创新创业建设国家自主创新示范区的实施意见》（2015年6月）、《杭州高新区"三次创业"孵化器暨众创空间建设三年行动计划》（2015年8月）、《关于发展众创空间 推进大众创业万众创新的实施意见》（2015年9月）等文件，从房租和宽带等企业运行费用、众创空间开展创新创业活动经费、提升创业服务平台服务水平等角度进行财政补贴与支持。例如，《关于发展众创空间 推进大众创业万众创新的实施意见》中，明确提出在2015—2017年，每年分别给予国家、省、市级各众创空间30万元、25万元、20万元的资助，专项补贴房租、宽带等企业运行费用。扶持杭州市众创空间联盟，每年按其实际开展的活动情况给予不超过50万元的资助。

通过政府的财政补贴，杭州市的创业服务平台数量上升，职能日趋完善，出现如梦想小镇、云栖小镇、创业咖啡馆等新型创业服务机构。数据显示，至2015年6月底，全市拥有梦想小镇、基金小镇、云栖小镇、财富小镇、机器人小镇等众创空间40余家。近年来，创业服务平台的职能也不断转化、加强与完善，这主要得益于政府财政补贴力度的进一步加强。创业服务平台的职能由提供行政审批等基本服务，向具有创业导师辅导、投融资、产业链孵化、企业品牌宣传推广、业界资源对接等特色的综合性创业服务平台转变。

2.创业创新引导基金的相关政策

在广泛开展大众创业、万众创新的过程中，大多数创业者遇到的共同问题是"融资难"。我国的创业队伍不断扩大，有在校大学生自主创业，也有海外高学历人才回国创业、企业雇员转化创业等，全民创业热情高涨。同时，创业创新领域进一步拓宽，既有工业、农业、餐饮等传统经营业态，也有代理、咨询等新型经营业态，创业创新所涉及的行业领域越来越倾向于高新技术产业。在创业创新氛围日渐浓厚、创业创新热情日渐高涨的过程中，优秀创业项目向优秀产品转化的过程中遇到的一大瓶颈就是资金短缺，这直接影响创业创新的进程。在媒体对白领、大学生、女性创业所做的专项调查中，受调查者普遍反映，资金短缺是创业的首要障碍。公益性创业支持项目、银行贷款以及方兴未艾的网贷等形式，在创业扶持方面依然存在支持力度、领域和持续性上有很多不足。

近年来，伴随着我国经济的快速发展和国家经济实力的不断增强，从国家到地方的各级财政部门不断调整资金结构，加大创业创新资金投入力度，增加财政引导基金的比重，以保障创业创新活动的开展，其中涉及领域也进一步扩大，包括完善孵化器职能、推动孵化器转型发展、区域创业创新环境构建、高校创业创新人才培养等诸多方面。杭州市遵循国家政策法规，充分利用市场化机制，有效解决创业者在创业过程中的资金问题，以优化财政资金使用为目的，不断对财政促进创业创新的方式进行探索。2006年，杭州市发布《杭州市人民政府关于提升企业自主创新能力的意见》；2008年，杭州市相关政府部门成立引导基金，并于同年4月颁布《杭州市创业投资引导基金管理办法（试行）》；2010年11月，根据引导基金运作的实际情况修订、颁布《杭州市创业投资引导基金管理办法》；2014年，发布《杭州市蒲公英天使投资引导基金管理办法（试行）》；2013年，杭州设立了总规模10亿元的创业投资引导基金，吸引社会资金进入初创期企业，其中创投引导基金投资的项目最终达到169个，其中初创期项目共86个。2015年，发布《关于发展众创空间 推进大众创业万众创新的实施意见》。根据杭州市实际情况，通过设立由市发改委（市创投办）牵头运作的政府创业投资引导基金等举措，以政府创业投资引导基金为引领，有效吸引国内外优质资金向杭州市集聚。据《杭州日报》统计，杭州市已有各类股权投资机构400余家、备案创投机构110多家、外资金融机构49家，其中不乏经纬中国、红杉资本等大牌投资机构。长期以来，杭州市政府不断加大创业创新中财政资金投入，以引导基金形式进入，通过小额的财政资金撬动资本市场，有效吸引国内外优质资本，缓解企业初创期资金不足的问题，推动初创期企业快速发展。

2015年，西湖区修订完善了《西湖区引进海内外高层次人才"325"计划实施意见》，其目的是进一步推进全区的创新创业，推动全区经济结构调整、增强发展动力，并吸引更多的优秀创业者和创业团队集聚。将创业启动资金从原来的500万元提高到了1000万元，并对风投机构、人才中介机构、海外人才工作联络站等参与引才工作的机构给予资金奖励。据统计，西湖区以海外高端人才为核心组建的创业团队已达85个，累计投资6.5亿元，兑现海外高层次人才创业资助资金1.1亿元，区"325"人才计划资助企业的税收达到1.19亿元。西湖区制定出台了《关于加快发展信息经济的实施意见》《关于加快推进云栖小镇建设的政策意见》，其发展重点是信息经济、电子商务、互联网金融等高端特色优势产业，全力助推云栖小镇打造全国首个云产业生态小镇，使之成为互联网经济第一镇。

西湖区还对国内外顶尖人才采取"一人一议、一事一议"的引进方法。针对著名科学家施一公的生物学研究所、饶毅的基础医学研究所、潘建伟的物理学研究所、陈十一的前沿技术研究所等四个重大项目（研究所），西湖区给予每个项目最高1亿元人民币的资助额度，每人最高800万元的购房补贴。此外，西湖区坚持人才投资优先保证，设立1.5亿元的人才发展专项资金，确保了区重大人才工程和项目的实施；制定出台《西湖区创业投资引导基金管理办法》，设立了总额为5亿元的政府引导基金，采取政府基金引导、民营资本放大的模式，积极引导社会资金投资区内初创期中小企业，支持中小企业的投融资；设立了科技"风险池"，区、街道、银行三级联动扶持企业做大做强。西湖区的各路英才在"两创"热潮中能够如此"任性"地大展拳脚，正是得益于地方政府出台的强有力的人才保障政策。

二、高层次人才创新创业的政策

杭州是一个注重人才资源的城市，"人才优先发展"早已从一句口号、一个理念，转变为一系列有力的政策，不断为高层次创新型人才的到来、发展助力，打造出一片能够让人才充分施展拳脚的自由天空。针对在杭与来杭创业的大学生，政府财政从简化行政手续办理、扩大大学生创业资助政策适用范围、提高无偿创业资助金额额度、房租补贴、税收优惠等角度进行补贴，为大学生创业提供便利。杭州建立国家海外高层次人才创新创业基地，吸引海外高层次人才，同时发布针对海外高层次人才的创业扶持政策。杭州高新区结合企业与人才发展的实际需要，研究出台具有园区特色的"1+X"政策体系，每年从财政支出中安排不低于15%的比例设立产业扶持基金，用于鼓励与支持企业创新活动和促进高新基础产业发展；研究出台《关于实施海外高层次留学人才来杭州高新区创新创业"5050"计划的实施办法》，对海外高层次人才创业项目给予项目扶持、资金资助、股权投资资金、银行贷款利息补贴、租金补贴等政策支持，以促进其发展；2015年1月，杭州政府发布《杭州市高层次人才、创新创业人才及团队引进培养工作的若干意见》（"杭州人才新政27条"），增强了扶持政策的系统性与可实施性，加大了扶持力度，主要从高层次人才的引进与培养、创业创新扶持、生活保障等方面进行了改革、创新与完善。

依托财政构建创业氛围，人才资源集聚杭州。政府利用财政补贴，制定了有利于吸引高层次人才集聚的创业扶持政策。据《杭州日报》统计数据显示，2020年8月，杭州市人才总量达276.7万人，累计认定A类至E类高层次人才1.94万名，其中不乏国家"千人计划"和省级"千人计划"专家，人才科研成果成效显著，专利量名列全国前列，人才所支撑的高新技术产业增加值高于GDP增速和规模以上工业增加值，初步形成了"大众创业、万众创新"的良好局面。

西湖区全力推进人才建设，政策、渠道、平台、服务"四轮驱动"，人才建设与区域发展"同频共振"，一个"大众创业、万众创新"的人才生态区正在全面形成。[①] 其主要内容如下：

---

① 2019年西湖区制定的《杭州市西湖区关于引进海内外优秀创新创业人才"325"计划》，https://www.welian.com/event/136661。

（1）激励大学生创新创业，加强创业保障体系建设，加大资金扶持力度。对大学生创业企业予以房租补贴，对大学生创业企业申报杭州市大学生创业资助资金等予以配套资助。

（2）鼓励国内高校师生和科研机构研究人员到西湖区创新创业，对经评定的落地项目、完成合作成果实际转化的新设企业等给予资助或奖励。

（3）吸引海内外高层次人才创业。深入实施"325"海外引才计划，对引进的人才和团队项目予以项目资助或安家补助、购房补贴。

（4）鼓励各类社会主体创办众创空间，对符合区域产业布局导向的区级以上众创空间予以奖励。

（5）鼓励众创空间提供优质创业服务。对区级以上众创空间、创新工场等新兴孵化器予以房租补贴等。

（6）加强孵化接产优化产业布局。对众创空间孵化毕业的科技企业予以房租补贴，对孵化接产成效显著的众创空间予以奖励。

（7）打造科技成果引进转化平台。对新认定的国家、省、市级企业技术中心、研发中心予以奖励。

（8）打造创新创业特色园。对经认定的区级产业园、特色楼等予以扶持。对被新授予省市小企业创业（示范）基地予以工作经费奖励。

（9）鼓励搭建公共创新服务平台。对产业园、特色楼、特色小镇内的公共科技创新服务平台予以资助。

（10）大力推进信息产业发展。加快推进工业企业转型升级步伐，逐年提高区级专项资金额度。

（11）促进文化创意企业集聚。设立文化创意产业发展扶持资金，加大扶持文化创意产业平台建设、文化精品创作等。

（12）推进互联网金融创新发展。对在西湖区新设立或新迁入的互联网金融机构，给予资金补助。支持有条件的企业依法设立互联网金融企业，给予扶持。

（13）大力发展股权投资业。对在西湖区以公司制（合伙制）形式新设立的股权投资企业，给予落户奖励。新购建的本部自用办公用房，给予资助。

（14）鼓励电子商务产业发展。鼓励引进优势电商落户，对通过电子商务交易且通过电子支付的企业给予奖励。对新设立或新迁入的国内外知名第三方跨境电商专业团队，给予运营方奖励。

（15）鼓励开放型经济发展。对新引进的总部企业（经认定），给予资金补助。对于符合西湖区产业规划导向的新设或增资项目，根据当年实到注册资本的外商投资企业，给予房租补贴。新引进世界500强、中国500强、中国民营500强、央企或行业知名领军企业投资项目，给予房租补贴。当年新引进并纳入商务部服务外包业务管理和统计系统的服务外包企业，给予房租补贴。对总部企业、行业龙头企业、上市企业在企业用地、项目申报等方面给予重点扶持。

（16）加强创业引导基金扶持。对参与合作西湖区创业引导基金设立的子基金，区创业投资引导基金通过阶段参股形式给予扶持。

（17）强化科技创业金融服务。对签订孵化协议且进入风险池内融资的科技型企业，经认定给予贷款贴息。对创投所投资企业引进到西湖区的，给予科技风险池贷款。

（18）大力支持企业上市挂牌。对"新三板"、省股权中心板、成长板、上海股权托管交易中心E板挂牌的企业，给予补助。对在境内外证券交易所成功上市的企业，给予工作经费补助。

（19）积极打造众创活动品牌。对众创空间承办具有国际、国内影响力的创业沙龙、论坛、大赛等创业服务活动，经审核备案后给予资助。

（20）全力优化创新创业服务。推进"五证合一"改革，推进登记制度便利化，实现办理费用减免。完善招商引资引荐奖励制度，对成功引荐境内外投资者在西湖区投资落户，并发挥关键作用的个人和机构给予奖励。

据2020年6月统计，全区人才总量超40.8万，近五年人才净流入

5.6万，累计引进培育国家、省市级领军人才209人，数量居全市首位。同时，相关政策易落地、可实施，真正能够解决创业人员的实际问题，创业者能够找到自身所需资源进行对接，享受到创业帮助。40岁的宋宏伟在美国卡内基·梅隆大学获得博士学位，他以数据存储专家、多项技术发明人的角色，在美国取得不俗成就。如今，他就扎根在西湖区，作为浙江方大智控科技有限公司发起人，为智慧城市、物联网与云计算事业忙碌着。2012年，宋宏伟在参选该年度"325"计划的60多个海归项目中脱颖而出，评审成绩名列第一，由此他获得了该年度A类创业项目500万元资助，这笔资金也为公司成立发挥了至关重要的作用。谈及今日的成功，宋宏伟感慨万千："我遇上了千载难逢的大众创业、万众创新的时代；我感受到了从省里到杭州市，特别是西湖区对我的各种厚爱、支持和帮助。"

三、杭州市对云栖小镇的扶持政策

杭州市为更好地推动"大众创业、万众创新"，加快建设"众创空间"，进一步优化小镇创新创业环境，加快小镇涉云企业集聚，推动云栖小镇建设，根据《国务院办公厅关于发展众创空间 推进大众创新创业的指导意见》（国办发（2015）9号），制定了《关于加快推进云栖小镇建设的政策意见（试行）》，对云栖小镇的扶持政策主要有以下内容。

1.鼓励企业落户

（1）给予新设立（或新引进）的大企业、大集团企业，最高第一、二年给予年房租额100%的房租补助或减免，第三、四、五年给予年房租额50%的房租补助或减免。

（2）给予新设立（或新引进）的具有较强发展潜力的中小涉云企业，最高第一、二、三年给予年房租额100%的房租补助或减免，第四、五年给予年房租额50%的房租补助或减免。

（3）给予新设立（或新引进）的孵化器运营商，对有较强品牌背景，能为创客团队提供众创空间、专业技术支持服务，并提供拎包入住、网络、办公家具、综合服务完善的孵化场所的孵化器公司，按实际需求，最高第一、二、三年给予年房租额100%的房租补助或减免，第四、五年给予年房租额50%的房租补助或减免。

（4）给予新设立（或新引进）的各类金融机构（包括基金、股权投资机构、信托、融资融券、互联网金融、财富管理机构等）在云栖小镇设立独立运作企业，按不超过300平方米，最高第一、二年给予年房租额100%的房租补助或减免，第三、四、五年给予年房租额50%的房租补助或减免。

2.鼓励企业发展

（1）追加投资奖励。为加快企业发展速度，对在云栖小镇设立的涉云企业利用自有资金或引进风投、创投资金追加投资的，当年实到注册资金每增加1000万元人民币，给予增资部分0.1%的奖励，最高不超过20万元；引进境外投资，实到外资每增加1000万美元，给予增资部分0.2%的奖励，最高不超过40万元。

（2）云服务补助：①对新入驻的涉云企业，三年内给予网络实际带宽费用补助。具体为：不足100兆（含100兆），按50%补贴，最高不超过3万元/年；101～1000兆按40%补贴，最高不超过14万元/年。②对新入驻需租用云栖小镇数据中心资源（服务器）的涉云企业，三年内按经审核的实际服务器租用数量进行补贴。具体为：租用同一数据运营商的服务器，10个以内（含10个）补贴2500元/个，最高不超过2.5万元/年；11～50个（含50个）补贴2000元/个，最高不超过10万元/年；51～100个（含100个）补贴1500元/个，最高不超过15万元/年。③对于新引进的众创空间的孵化器公司，经评估给予三年内200兆网络带宽的全额补助。

（3）金融奖励：①鼓励云栖小镇的涉云企业上市，按照《杭州市人民政府关于进一步推动企业利用资本市场加快发展的实施意见》（杭政〔2014〕39号），给予1∶1配套奖励。②鼓励各类金融机构在云栖小镇设立独立运作企业。对于投资总规模达到10亿元（含）以上，当年对云栖小镇入驻企业投资额达3亿元（含）以上的金融机构，给予25万元的奖励；对于投资总规模达到20亿元（含）以上，当年对云栖小镇入驻企业投资额达5亿元（含）以上的金融机构，给予50万元的奖励；对于投资总规模达到50亿元（含）以上，当年对云栖小镇入驻企业投资额达10亿元以上的金融机构，给予100万元的奖励。

3.鼓励人才引进

（1）对于云栖小镇引进符合《关于杭州市高层次人才、创新创业人才及团队引进培养工作的若干意见》适用对象的人才，按照《关于杭州市高层次人才、创新创业人才及团队引进培养工作的若干意见》执行。

（2）工程师公寓。经认定的云栖小镇企业或创业团队主要成员，可优先在小镇申请简装工程师公寓。公寓租金予以适当优惠。

（3）人才租房补助。自行租房的云栖小镇企业创业团队主要成员，凭租房合同按本科、硕士、博士分别给予每人每月200元、400元、600元的租房补贴，租房补贴期限最长为三年。

4.鼓励企业创新

（1）鼓励职务发明专利的申请和授权。除在浙江省、杭州市奖励政策范围内进行奖励外，重点对在云栖小镇的涉云企业的发明专利进行追加奖励。

（2）鼓励云栖小镇的涉云企业申请国家、省、市的相关政策资助。对云栖小镇的涉云企业申请国家、省、市的有关创新项目给予配套。

（3）鼓励云栖小镇涉云企业及各类机构在云栖小镇举办有影响力的各类行业活动，打造云栖小镇创业创新生态，根据活动的实际情况给予举办方补助。

5.鼓励企业贡献

（1）入驻云栖小镇的企业，每年度在GDP贡献、固定资产投入、销售产值、服务业增加值、就业、人才引进等方面综合评定，对于贡献较大的企业给予奖励。

（2）为云栖小镇做出重大贡献的企业家或个人，经公开评选和审定，给予一次性奖励。

6.鼓励配套服务

（1）鼓励自有产权的云栖小镇企业自建配套服务设施或引进服务类品牌加盟商，优化小镇配套服务环境。自建或引进餐厅、书吧、便利店等对营造产业氛围有积极帮助的配套服务设施。对于自建或引进的食堂、咖啡厅等小镇必要配套设施，经批准和审定，补助面积可予以增加。

（2）政府自持的商业物业引进餐饮、咖啡厅、娱乐、购物、金融、休闲、运动等小镇配套服务设施的，经批准和审定，给予第一、二年房租额100%的房租补助或减免，第三、四、五年给予年房租额50%的房租补助或减免。引进知名商业品牌的，最高可5年免租。

（3）鼓励中介组织入驻云栖小镇，为小镇名录库内企业提供专业的财务、税务、法务、专业中介服务、人事代理、行政服务、创业指导、市场开拓、技术交易等服务。每年对服务小镇企业30家（含）以上且企业普遍评价较好的机构或单位，给予5万元/家的奖励；每年对服务小镇企业50家（含）以上且企业普遍评价较好的机构或单位，给予10万元/家的奖励；每年对服务小镇企业100家（含）以上且企业普遍评价较好的机构或单位，给予20万元/家的奖励。

第四章　云栖小镇的发展趋势

G20峰会上，习近平主席妙用"点击鼠标"向世界传递出一个积极信号：点击"创新"这个"鼠标"，世界经济这盘"棋"就能被激活。"创新"这把"智能钥匙"，无疑将打开世界经济中长期增长的动能和潜力。发展信息经济、推进智慧应用不仅仅是杭州经济转型升级的必由之路，发展"大数据+云计算"产业带，谋求运用新一代信息技术，通过开放共享大数据，催生新的经济业态、新的产业形态、新的商业模式，点燃经济发展新引擎，对浙江省乃至整个中国同样具有深远意义。

第一节　大数据助力制造业转型

一个国家综合国力最重要的表现是制造业，制造业的发展在国民经济中占有重要份额，也在很大程度上决定着国民的生活质量。在全球经济放缓、国内经济步入新常态、生产要素成本上升、资源环境约束加剧的大背景下，世界各国尤其是发达国家都意识到，制造业是推动科技创新、经济增长和社会稳定的重要力量，是各国发展和转型的机遇以及形成新竞争力的战场。"互联网+"的兴起和发展为传统制造业带来了深刻的变革，体现在资源配置、生产方式、经营管理、商业模式、产品形态等方面，成为传统制造业转型升级的主要方向和重要推力。

一、大数据：制造强国的引擎

中国的制造业自改革开放以来取得了举世瞩目的成就，连续几年成为"世界制造力竞争指数"最高的国家。此外，制造业为全社会提供1亿多个工作岗位，是中国社会稳定的重要支撑之一。在信息化如此发达的社会，制造业对中国经济依旧有着至关重要的作用，这种重要作用不仅包括经济方面，还包括社会保障和就业方面。因此，面对经济转型带来的挑战，我们更要关注中国制造业的未来。

李克强总理在2015年《政府工作报告》中提出，要推动产业结构迈向中高端，实施"中国制造2025"，坚持创新驱动、智能转型、强化基础、绿色发展，加快从制造大国转向制造强国。采取财政贴息、加速折旧等措施，推动传统产业技术改造。要实施高端装备、信息网络、集成电路、新能源、新材料、生物医药、航空发动机、燃气轮机等重大项目，把一批新兴产业培育成主导产业。制订"互联网+"行动计划，推动移动互联网、云计算、大数据、物联网等与现代制造业结合，促进电子商务、工业互联网和互联网金融健康发展，引导互联网企业拓展国际市场。①

中国正处于由制造大国向制造强国转变的关键时期，在"互联网+"浪潮的冲击下，主动拥抱互联网，从线下走到线上，以消费者为核心的传统产业重构趋势日益明显，消费者驱动型制造（Consumer to Manufactory，C2M）模式正成为经济发展的新思路和产业升级的新工具。在大数据时代，消费者的需求日益多元化和信息化，制造业也将迎来更好的发展机会。正如德鲁克所说："互联网本身的贡献不会太大，但是它带来的贡献不可估量，这就好比是铁路，铁路本身贡献不大，但因铁路的存在使整个经济体发生的变化是不可思议的。"

1.经济发展新常态下的工业使命

2009年，美国专家率先用"New Normal"（新常态）来归纳全球金融危机爆发后经济可能出现的缓慢恢复过程。2014年5月，习近平总书记提出：我国发展仍处于重要战略机遇期，我们要增强信心，从当前我国经济发展的阶段性特征出发，适应新常态，保持战略上的平常心态。

---

① 2015年《政府工作报告》《"新基建"首入政府工作报告为产业发展注入数字动力》《从政府工作报告看产业发展新机遇》，http://www.fihan-ce.sina.com/cn/。

当前，中国经济发展呈现出新常态，主要特点是：从高速增长转为中高速增长，经济结构不断优化升级，从要素驱动、投资驱动转向创新驱动。习近平总书记提出"适应新常态"，实际上就是要求我们对中国经济发展的认识要从短期视角转变为长期视角。[①]

伴随着大数据、物联网、信息物理融合系统在生产中的大规模应用，全球正在进入新一轮科技革命和产业变革之中。各国在经历了2008年的经济危机之后，重新认识到了实体经济的重要性，于是又把视野渐渐转向传统的实体经济，纷纷实施再工业化战略。通用电气董事长兼CEO伊梅尔特在工业互联网领袖论坛上断言："工业互联网是一个庞大的物理世界，由机器、设备、设施和系统网络组成，能够在更深的层面将连接能力、大数据、数字分析完美结合，它是全新的工业革命。"也就是说，通用电气倡导的工业互联网包含三个层面：第一是智慧机器；第二是将所有的智慧机器连接起来的统一开放的网络和工业大数据平台；第三是将联网后产生的大量工业数据转化为信息，实现实时反馈，使每台机器的能力发挥到极致，提升整个工业系统的效率。[②]因此，大数据成为国家竞争力的战略制高点，为制造业转型升级开辟了新途径。

如今，智能制造已经吸引了越来越多国家的注意力，主要呈现出两个大的方向：一个是以美国为代表，在发展智能工业过程中，充分利用其在信息技术、互联网技术领域的巨大优势，着重强调互联网与商业模式创新，力求从生产制造端到消费端的转变、渗透、融合，实现以消费者为核心的"再工业化"；另一个是以德国为代表，充分发挥其在装备制造业以及生产线自动化制造的传统专业优势和深厚积累，不断改进制造业系统，并提出"工业4.0"逐步将重心放在销售、服务能力的提升，通过信息物理产品系统加物联网IOT进行整合，并使通信、计算机、软件、芯片等技术不断向前演进，以弥补互联网产业的不足，所以也叫"硬件

---

① 金碚：《经济发展新常态下的工业使命》，《中国经济和信息化》，2015年第2期。
② 曾纯：《打破智慧与机器的边界》，《中国工业评论》，2015年第6期。

进化"。

2. 中国制造业面临的挑战

从我国实际情况来看，中国是一个制造业大国，经济长期依赖投资、出口来拉动，在全球产业链分工中处于价值链的底端。如今，中国传统比较优势正在逐步消失，主要原因是土地、劳动力、原材料、燃料动力等要素成本全面、快速上升。同时，面对印度、越南等其他新兴经济体的竞争压力，中国制造业企业的利润进一步被稀释，并且已经出现逐渐被取代的趋势。主要挑战有以下几个方面：

（1）劳动力成本上升。劳动力总量大、成本低曾是中国制造业的突出比较优势，随着人口结构的变化，中国人口红利消失殆尽，这一优势在不断流失。据预测，到2015年中国劳动力总量达到峰值，之后将慢慢下降。同时，在15～35岁的人口群体中，农村人口占比在不断减少，而城镇年轻劳动力对收入的期望在不断提高。此外，人口老龄化的问题也在不断加剧。按照联合国的标准，65岁以上的人口比率超过总人口的7%就被称为"老龄化社会"，而超过14%就被称为"老龄社会"。而中国在2005年达到了7.6%，实际上在2001年就已开始进入老龄化社会。[1]近年来，人口结构变化已带来了显著的问题，突出表现为东南沿海中小型制造企业出现的"用工荒"。

如今，中国已进入了老龄化社会，显著的人口老龄化问题所带来最显著的变化是劳动力成本的迅速上升。中国2004年平均每小时工资4.35美元，工资不到同时期美国工人平均工资的1/4，中国制造业的劳动力成本优势十分明显。2014年上升到12.47美元，上升了近3倍。同期美国工人的工资只上涨了27%，中国成本竞争力比美国下降了10个百分点。中国制造业资源环境的压力突出，传统的工业发展模式不可持续，亟待形成新的竞争优势。因此，从长远来看，将信息化和工业化两化进行融合，中国经济转型升级的必然选择是大力发展智能制造，走新型工业化道路。

---

[1] 利嘉伟、郭又绮：《中国制造业的新挑战和新出路》，《中国工业评论》，2015年第8期。

（2）刚性自动化的窘境。当前社会上依然有许多人将高度自动化的工业流水线误认为是工业4.0，以为智能制造就是大规模应用工业机器人、数控机床、智能传感器等先进设备而已。长期以来，中国制造业通过引进机器设备的方式，提高生产线的自动化水平，提升了企业产品的市场竞争力。这也使中国制造商逐渐陷入了诸多的困境之中，这种困境是生产线缺乏柔性、调整力不足以及市场适应性差等"刚性自动化"所导致的。①技术刚性。大规模的流水线生产方式实际上是工业2.0的概念，因此还需要对这种传统的流水线生产方式进行改革和创新。在工业2.0之后，工业3.0时代到来了，它开始于20世纪70年代，持续对工厂流水线进行自动化改造。1969年开始在汽车生产线中使用莫迪康（Modicon）可编程逻辑控制器，开启了自动化和信息化的产业升级。工业3.0解决的问题是把自动化和信息化技术融入大规模工业生产中，将原来大规模工业生产中可能产生的质量问题极大地减少了。同时，因为把信息化技术融入规模化工业生产中，实现了成本的精准可控。①可以说，每一次新的工业革命都是在上一次工业革命基础上所进行的革新和完善。虽然工业3.0解决了质量和成本两大难题，但是紧接而来的又有了一个新的问题，就是生产的柔性不足的问题。机器生产的只是标准产品，当一条生产线实现全自动化以后，柔性也随之丧失，因为要依靠大量机器设备来完成生产（硬件投资加大）。一旦市场需求、产品种类发生变化，硬件的更换成本便非常高。据经济学人智库（The Economist Intelligence Unit, EIU）测算，2004年之前，中国制造业生产率的平均增速能达到15%。然而从2005年开始中国制造业劳动力生产效率增速较前期有明显下滑，基本维持在5% ～ 10%的区间。与此同时，工资水平和能源价格等成本却快速增长。例如2011年中国制造业劳动力生产效率较2010年增长6%，但制造业工资增速为15%以上。②②管理刚性。控制和管理高度自动化的生

①　周倩：《柔性制造：赢得智能竞争力的决胜点》，《中国工业评论》，2016年第9期。
②　利嘉伟、郭又绮：《中国制造业的新挑战和新出路》，《中国工业评论》，2015年第8期。

产线，需要很先进的电脑设备才能实现，因此这对于设备的技术先进性是一种很大的考验。而中国工业企业的生产线管理相对于欧美工业强国而言，具有明显的刚性。从技术设备的先进程度看来，很多中国工业企业已不输欧美同类工厂。为什么一些中国工厂在自动化程度不输欧美同行的情况下，生产效率和市场适应性仍然落于下风？这暴露出来的是管理问题，管理不善而导致的自动化生产存在困难，也影响未来的发展。中国大量工业企业在自动化水平不断提升的情况下，人员组织却精简有限。很多中国工厂的管理层太多，中国工厂人员庞杂，职能部门分工细致，每个部门都有管理者。分工越细，就越需要管理人员来协调。而欧美工厂基本上都是一层管理，或者管理者就是一个人；在欧美国家，几个人的工厂很常见。欧美国家工厂讲究"流程管理"，流程稳定的好处就是高效有序；而中国工厂大多是"工序管理"，很多人在乱忙。[①]

永远是生产线适应产品、适应市场，而不是产品和市场适应生产线。一旦市场需求有变，产品设计发生大的改变，中国工厂就要动员大量人员调整大量工序，而欧美工厂只需协调少量人员调整相应流程即可。由于内部人的利益问题很难调和，因此最难克服的往往不是技术刚性问题，而是管理刚性问题。

（3）能源价格优势在降低。与发达经济体相比，中国制造业的先天优势是低廉的能源价格。然而奔驰全球制造业指数研究显示，从2004年到2014年，中国工业用电价格上升了66%，而天然气成本更是上涨了132%。同时，全球横向比较来看，中国工业用能源价格虽然低于德国，但仍显著高于美国。以天然气为例，中国2013年含税工业用天然气均价约为每立方米0.3美元，而美国天然气含税单价仅0.13美元。[②]此外，中国能源价格机制存在先天不足，价格传导机制不能正常工作，终端用户不能感受到上游能源成本的变化，整个产业链被阻断，这意味着短期内

① 《智能制造开启产业新篇章 柔性自动化升级持续加速》，http://www.jc35.com/news/detail/55053.html。
② 利嘉伟、郭又绮：《中国制造业的新挑战和新出路》，《中国工业评论》，2015年第8期。

相对紧俏的资源性产品会有所上升，而一些下游能源相关制造产业必将面临更大的成本压力。

（4）人民币升值。2019年初至今，人民币兑美元汇率呈现出较为明显的升值态势。人民币升值有利有弊，有利的一方面是能够吸引大量的国际资本到中国投资，但同时也存在弊端，就是极大地侵蚀了以出口为导向的中国制造业的竞争力。中国在服装等传统出口行业的竞争力和市场份额均有所下滑，而越南、孟加拉国和墨西哥等国则开始赢得更大的份额。总体而言，中国出口在全球市场份额的上升步伐已经放缓，而在欧美的市场份额已经停滞甚至开始下滑。

（5）供应链效率有待提高。目前中国制造业供应链端效率较低，中国制造商与跨国制造企业相比存在较大的差距，这种差距不仅体现在ERP、MRPII等内部信息系统的建设方面，也在物流、仓储等外部资源的支持上反映出来。一般来说，包括零售商、批发商和制造商在内的任何一方都试图让产品在供应链系统中流转畅通，但由于制造商与消费者之间的层层阻隔，致使市场信息传递缓慢、零散，制造商往往需要数周甚至数月才能从订单中看到消费者需求的变化情况。为了不失去销售产品的机会，制造商不得不囤积主要原料、零部件、成品等，但大批量的库存不仅会导致利润下降，而且还占用现金资源，导致资金周转缓慢，由此而来的是企业的流动性危机。大批量、规模化、流程固定的流水线生产方式始终面临一大风险——市场需求沿供应链出现越来越大的波动，销售速度和生产速度严重脱节，库存积压和流动性枯竭成为制造商挥之不去的噩梦。中国总体物流成本占GDP比重近20%，而美国这一数字为9%。也正因此，我国GDP中约有22%是由存货构成的，相较美国10%的水平，整整多了一倍。所以，工业企业家们无不竭力追求柔性制造，提升供应链物流效率，降低整体物流成本，实现生产速度和销售速度保持同步。①

---

① 夏斌：《"中国制造"如何突围》，https://www.sohu.com/a/103991866_115696。

面对这些挑战，中国制造业必须逐步由低成本、高消耗向高技术、高附加值转型，而大数据正好提供了有力支持。一般而言，数据本身不会带来价值，数据的技术也不会让我们的制造业更先进，数据必须经过加工、处理从而转成信息后才会对产业产生价值，因此仅仅是拥有数据并不能实现产业转型升级以及良性运行。制造业企业虽然在日常经营管理中积累了大量数据，包括运维、管理、流程、质量等内源数据和供应商、竞争对手、客户反馈等外源数据。但是质量低下、采集手段不科学，使得数据的有效利用率很低，需要大量的工具进行分析处理。智能分析和网络物理系统为不断提升企业制造效率，推动国家经济转型，改进劳动力就业结构，并最终改变公司乃至国家之间的竞争格局提供了新思路。

只有不断完善"物联网＋智能分析平台＋务联网"的大数据创值体系，才能实现由传统的生产系统到生产智能产品的智慧工厂的转型升级。以CPS为核心的智能化体系，正是根据工业大数据环境中的分析和决策要求所设计的，将从传感器、机器、工件等方面获得的大数据与IT系统融合到一起。这种实体设备与互联网相互连接的制造系统能有效地进行数据收集、分析、预判、自我调整。在工业4.0环境下，通过包括5个层次构建模式的CPS技术体系架构，通过CPS在制造业的应用，智慧工厂将从工业大数据中创造出面向客户的价值。[1]

同时需要指出的是，我国的互联网产业虽然得到了巨大的发展，尤其是在旅游、交通、餐饮等领域，互联网技术、商业模式等更是得到了广泛应用，但是与西方发达国家例如美国、德国相比，互联网核心技术的创新能力不足，缺乏先进的理念和应用，存在较为突出的问题是应用模式仍然主要集中在消费领域等。虽然我国是全球领先的制造大国，机器人技术、感知技术、复杂制造系统、智能信息处理技术等原本长期制约我国产业发展的技术瓶颈有所突破，规模以上工业企业在研发设计方面应用数字化工具普及率已经达到54%，生产线上数控装备比重已经达

---

[1] 李杰：《以CPS为核心的智能化大数据创值体系》，《中国工业评论》，2015年第12期。

到30%，但是，我们的技术先进性和发达程度还远远落后于欧美国家，要想改变当前的处于价值链"微笑曲线"底端的尴尬局面，亟须转型升级。当前"工业4.0"已然成为社会的热点问题，但事实上，我们还处于2.0普及、3.0推广和4.0示范的阶段。我国在谋划工业4.0的时候，还要全力打造3.0，甚至还要去补2.0的欠账。因此，在这种状况下，我们无论走美国的产业互联网道路还是德国的工业4.0道路，都面临自动化、信息化管理等方面的短板，很难赶超对方。我们都知道，大数据对于推动我国建设制造强国具有重要的意义，因此我国提出两化融合、中国制造2025、"互联网+"等理念，走的是信息化与工业化同时发展、融合创新的道路。

3.智能制造的内涵

智能制造是指在工业制造的各个环节中，采用高度柔性与高度融合的方式，将机器认知学习、大数据、物联网、机器对机器（M2M）通信等领域连接起来，通过计算机来模拟人类专家的知识，在制造业领域构建信息物理系统，消化和分析工厂机器中的数据，从而调整和优化生产运营，创造出更高效生产力的一种活动。智能制造具备以下几个基本特征：生产过程基本实现了数字化和自动化；包括供应链、产业链等在内的生产过程中的各个环节，均已实现了信息的互联互通；资源配置、流程设定、效能优化等生产管理事务均已采用数据融合、机器学习等方法进行处理。当前，在部分工业产品生产过程中能够初步采用智能制造的生产模式的，只有少数几个工业发达国家——美国、德国、日本等，中国这方面的发展还处于起步阶段，发展水平低下，亟待在未来实现全新的突破。如德国西门子公司的可编程控制器制造厂，通过网络控制技术使工厂内大多数设备能够在脱离人类操作的情况下对零部件进行选择和组装。因此，与传统的生产方式相比，智能制造不是某个领域的技术突破，也不是简单地用信息技术改造传统产业，而是信息通信技术（ICT）与制造业的融合发展和集成创新。

首先，智能制造是一个新型制造系统。智能制造是将先进自动化技术、传感技术、控制技术、数字制造技术以及物联网、大数据、云计算等新一代信息技术相结合，实现工厂和企业内部产品全生命周期的实时管理和优化，最大限度地降低生产成本、减少能源资源消耗、缩短产品开发周期，推动生产方式向定制化、分散化、服务化转变。[①]

智能制造涵盖了诸多特征的智能服务，主要包括以智能互联为特征的智能产品、以智能工厂为载体的智能生产、以信息物理系统为关键的智能管理以及实时在线服务。智能制造系统涵盖了制造业的全部环节，包括产品设计、生产规划、生产执行、售后服务等步骤。信息物理系统是智能制造的基础，智能工厂则是实现智能制造的关键。

其次，智能制造主要包括六个途径：

一是产品（装备）智能化。发展智能制造的基础与前提由物理部件、智能部件和连接部件构成。智能部件由传感器、微处理器、数据存储装置、控制装置和软件以及内置操作和用户界面等构成；连接部件由接口、有线或无线连接协议等构成；物理部件由机械和电子零件构成。智能部件能加强物理部件的功能和价值，而连接部件能进一步强化智能部件的功能和价值，使信息可以在产品、运行系统、制造商和用户之间联通，并让部分价值和功能脱离物理产品本身而存在。

智能产品具有四个方面的功能，分别是监测、控制、优化和自主。接下来对这四个功能做一简单的介绍。

监测是指通过传感器和外部数据源，智能产品能对产品的状态、运行和外部环境进行全面监测；在数据的帮助下，一旦环境和运行状态发生变化，产品就会向用户或相关方发出警告。

控制是指可以通过产品内置或产品云中的命令和算法进行远程控制。通用电气帮助上海全球水处理监控中心的工程师实现7×24小时监控，节省了人力成本，实现了耗水和化学剂量控制。投入成本，三年可收回，为客户节省约48万美元。如果该公司全部采用远程监控和诊断系统，并

①　左世全：《智能制造的中国特色之路》，《中国工业评论》，2015年第4期。

推广到40座工厂，可节约380万美元。①

　　算法可以让产品对条件和环境的特定变化做出反应。泰晤士水务事业有限公司是英国最大的净水提供商和污水处理服务企业，公司正在使用传感器、分析法和实时数据帮助企业更快速地应对水管泄漏或恶劣天气导致的突发事件等各种紧急情况。

　　优化是指对实时数据或历史记录进行分析，植入算法，从而大幅提高产品的产出比、利用率和生产效率。航空业的燃料消耗解决方案就是一个典型的例子。航空公司的最大运营开支基本是在燃料上。过去10年中，燃料成本平均每年上升19%。而通过使用飞机各部件的全程飞行数据以及使用性能分析工具，将飞机的飞行数据、天气、导航、风险数据和燃料操作整合在一起，可以缩短飞行时间，进而直接节约成本、提升利润。

　　自主是指将检测、控制和优化功能融合到一起，产品就能实现前所未有的自动化程度。

　　新一轮信息技术革命为产品创新提供了更大的空间，几乎所有的产品都在走向智能化。在智能化网络互联的水平上，互联的智能产品将为社会提供更好的服务，为人类生活提供更好的服务。

　　二是制造智能化。制造过程的转型和创新发展，使得制造过程走到智能工厂发展的体系中来，其制造智能化不仅包括研发设计，还包含生产制造和运营。以智能制造系统为核心，以智能工厂为载体，通过在工厂和企业内部、企业之间以及产品全生命周期中形成以数据互联互通为特征的制造网络，实现生产过程的实时管理和优化。整个生产过程都能够通过IT控制实现优化，这主要得益于流程和制造的智能化，在生产过程中所有"产品"与"机器"实现了自由沟通。智能制造系统可分为五个层次：

　　（1）基础自动化系统层。主要包括生产现场设备及其控制系统。其

---

① 杨涛：《工业互联网：当智慧遇上机器》，《中国工业评论》，2015年第6期。

中生产现场设备主要包括传感器、智能仪表、可编程逻辑控制器、机器人、机床、检测设备、物流设备等。控制系统主要包括适用于流程制造的过程控制系统，适用于离散制造的单元控制系统和适用于运动控制的数据采集与监控系统。

（2）制造执行系统层。制造执行系统层包括不同的子系统功能模块（计算机软件模块），典型的子系统有制造数据管理系统、计划排程管理系统、生产调度管理系统、库存管理系统、质量管理系统、人力资源管理系统、设备管理系统、工具工装管理系统、采购管理系统、成本管理系统、项目看板管理系统、生产过程控制系统、底层数据集成分析系统和上层数据集成分解系统等。[①]

（3）产品全生命周期管理系统层。产品全生命周期管理系统层横向上主要分为研发设计、生产和服务三个环节。研发设计环节功能主要包括产品设计、工艺仿真、生产仿真，仿真和现场应用能够对产品设计进行反馈，促进设计提升，在研发设计环节产生的数字化产品原型是生产环节的输入要素之一。生产环节涵盖了上述的生产基础自动化系统层和制造执行系统层的内容，产品在生产环节完成生产进入到服务环节。服务环节通过网络实现的功能主要有实时监测、远程诊断和远程维护，应用大数据对监测数据进行分析，形成和服务有关的决策，指导诊断和维护工作，新的服务记录将被采集到数据系统。

（4）企业管控与支撑系统层。企业管控与支撑系统层包括不同的子系统功能模块，典型的子系统有战略管理、投资管理、财务管理、人力资源管理、资产管理、物资管理、销售管理、健康安全与环保管理等。

（5）企业计算与数据中心层。主要包括网络、数据中心设备、数据存储和管理系统、应用软件，为企业实现智能制造提供计算资源、数据服务以及具体的应用功能，能够提供可视化的应用界面。如为识别用户需求建设的面向用户的电子商务平台，为产品研发建立的设计平台，制

---

① 左世全：《智能制造的中国特色之路》，《中国工业评论》，2015年第4期。

造执行系统的运行平台、服务平台等都需要以企业计算与数据中心为基础，借以推动各类型的应用软件实现交互和有序工作，促进各子系统实现全系统信息共享。

三是服务智能化。通过采集设备运行数据并上传至企业数据中心（企业云），系统软件对设备实时在线监测、控制，并经过数据分析提早进行设备维护。例如，维斯塔斯通过在风机的机舱、轮毂、叶片、塔筒及地面控制箱内安装传感器、存储器、处理器以及SCADA系统，实现对风机运行的实时监控；还通过在风力发电涡轮中内置微型控制器，在每一次旋转中控制扇叶的角度，从而最大限度地捕捉风能，还可以控制每一台涡轮，在能效最大化的同时，减少对邻近涡轮的影响。维斯塔斯通过实时处理数据预测风机部件可能产生的故障，以减少可能存在的风机不稳定现象，并使用不同的工具优化这些数据，使风机性能达到最优化。

四是制造个性化。基于网络的支持，制造业走向个性化成为一种必然的趋势，而传统的以生产为中心的模式必然造成产品过剩。在互联网时代，用户需求显得尤其重要，智能生产是以用户需求为导向的，用户需要什么就生产什么，用户的需求和生产紧密融合。通过网络融合，既实现个性化定制，又实现大规模生产。智能制造为智慧的生产方式提供了最有力的支持手段。

五是制造分散化。制造分散化是制造业未来的一大发展方向。传统的大规模集中式生产方式已不再是主流，不再是在物理空间上把最优资源汇聚到一个地方，而是通过网络空间汇集、使用最优的资源，因此也会导致制造方式的转变。互联网平台汇集企业生产要素和资源，推动各产业链环节形成分散化的组织形态。

六是制造资源云化。这是制造业发展到网络云制造、工业云发展的高级阶段，通过网络汇集所有的制造资源，让这些制造资源在全球范围内发挥最大、最有效的作用。[1]

---

[1]　杨海成：《智能制造工程驱动工业创新发展》，《中国工业评论》，2015年第10期。

中国制造企业在推动高端智能制造方面不断创新、不断进步，大数据的作用主要体现在三个方面：①把问题变成数据，利用数据对问题的产生和解决进行建模，把经验变成可持续的价值。②把数据变成知识，从"可见解决问题"延伸到"不可见问题"，不仅要明白"how"，还要理解"why"。③把知识变成数据，这里的数据指的是生产中的指令、工艺参数和可执行的决策，从根本上去解决和避免问题。

因此，大数据和智能制造之间的关系可以总结为：制造系统中问题的发生和解决过程中会产生大量的数据，通过对大数据的分析和挖掘可以了解问题产生的过程、造成的影响和解决的方式；当这些信息被抽象化建模后转化为知识，再利用知识去认识、解决和避免问题。当这个过程能够自发自动地循环进行时，即智能制造。今天我们之所以要利用大数据实现智能制造，是因为大数据的运用，有利于解决生产过程中的问题。

二、大数据：推动生产模式变革

在信息社会，"互联网+制造业"的基础是大数据，大数据和云计算可以推动生产制造模式的变革，从而促进生产制造向着数字化、网络化、智能化方向发展。据不完全统计，2013年中国产生的数据总量超过0.8ZB（相当于8亿TB），2倍于2012年，相当于2009年全球的数据总量。毫无疑问，大数据时代已经到来，在这个时代中，数据的重要性已无须多言，企业的科学决策需要海量的数据资源提供坚强的后盾。从数据的堆砌到有效使用数据，当前制造领域所经历的变革，正积极展现出大数据对产业结构转型升级所发挥的重要作用。工业信息系统通过互联网实现互联互通和综合集成，促进机器运行、车间配送、企业生产、市场需求之间的实时信息交互，原材料供应、零部件生产、产品集成组装等全生产过程变得更加精准协同。可以说正是通过大数据的支持，企业大规模智能制造、个性化定制才可能有实现的基础。"中国制造2025"也提出要运用大数据发展基于互联网的个性化定制、众包设计、云制造等新型制造模式，形成基于消费需求动态感知的研发、制造和产业组织方式。[①]因此，利用大数据技术挖掘市场需求，创新企业研发、生产、运营、销售和管理方式是制造业企业向"互联网+"转型的重要抓手。

1. "众包众设"研发模式

当今，不同学科之间融合交叉已成为一大发展的趋势，而科技创新管理中的开放、沟通和协作就变得至关重要，科技创新的模式也发生了相应的变化，逐渐从封闭式创新向开放式合作创新发展。特别是2014年以来，我国经济由原先的高速增长转向低速增长的新常态，这就意味着当前中国经济形势与改革开放以来高速增长模式截然不同。在这种新常态下，我国必须彻底调整经济发展方式，必须转向依靠科技进步驱动企业发展的轨道上来。

开放式创新是企业在互联网背景下实现技术创新的一种新模式。随着互联网大数据时代的到来，传统的经济运行方式、人们的思想观念以及社会关系都在发生重要的改变，越来越多的组织或机构的内外部各创新主体之间相互影响、相互作用，通过利用大容量、高速度、多样化的互联网大数据，与众多外部创新要素在生产分工上更加专业和深入，使创新要素高度集聚、创新能量不断积累、创新目标不断优化、创新体制持续转化与升级，协同制造已然成为提高创新绩效和驱动科技创新的重要驱动力。[②]同时，大数据给科技创新带来了显著变化，科技创新的基本理论问题和实际应用面临严峻挑战，例如，科技数据增量巨大、创新问题复杂性高、数据分析难度增加，科研设备需求增加、成本提高等。这些变化导致科研成本与风险增加，即便是实力雄厚、规模庞大的科技创新组织或机构也难以独自承担大数据背景下科技创新所需的巨额资金，而这就限制了科技创新与成果转化效率，无法适应大数据时代科技创新所遇到的各种变化与挑战。因此，面对各种新出现的问题与挑战，开始

---

① 罗文：《"互联网+"是制造强国的新引擎》，http://paper.ce.cn/jjrb/html/2015-07/02/content_246122.htm。
② 黄娜、覃正、吴珍华：《众包研发网络：概念、模式与研究展望》，《科技进步与对策》，2015年第17期。

出现了一些新型企业，例如，只有运营总部而没有生产车间的网络企业或虚拟企业。科技创新主体通过集结不同学科领域的学者、科学家协同合作、共同解决难题，实现研发资源充分整合以及科技创新成果共享，产生规模效应，提高科技创新成果质量。

众包众创伴随着大数据和云计算的兴起而来，它是指基于计算机、互联网等技术的大众创新活动，即大众通过搭建开放式网络服务平台，集聚并整合计算机和互联网上各类未知的社会创新资源，开展研发设计、生产制造、经营管理、市场销售等活动，帮助企业实现少耗时、低成本、快速提升市场核心竞争力的目标。在3D打印技术、Arduino等开源硬件平台日趋成熟的背景下，分布在各网络节点的大众的创意、创新行为、创新产品，能够被某一主导企业搜寻、整合、应用并扩散。例如，小米公司总部只有研发设计人员，其生产、物流、销售等业务全部外包给合作企业，并通过互联网与合作伙伴进行业务联系，运营着庞大企业网络。网络众包平台改变了企业的发包模式。电子商务的发展使得企业的营销渠道被搬到了网上。供应链集成创新应用使每个企业都演化成信息物理系统的一个端点，不同企业的原材料供应、机器运行、产品生产都由网络化系统统一调度和分派，产业链上下游协作日益网络化、实时化。例如，海尔通过构建交互创新社区（HOPE），吸引用户和企业内部员工参与产品创意设计，还整合全球五大研发中心的专家、研发、产品、物流和用户等资源，设计出空气盒子、雷神笔记本等互联网创新产品，并支持家电个性化"3D打印"等83个项目孵化。

过去占主导地位的是以学术会议和阅读学术论文为主的学术交流沟通模式，而这一模式已逐渐被网络众包模式所取代，它通过互联网提供的社会平台，广泛宣传科技创新项目，引起各领域科学家和技术人才的重视并激发他们的兴趣，突破了专职科学家与业余科学家的界限。科学家们可以通过众包平台，充分利用创新资源，相互学习和竞争，从客观上促进彼此之间的交流，提高科研水平以及解决实际问题的能力，借助大量的外部智慧，节约研发成本，促进科技创新任务更好地完成。网络众包创新模式推动了科研创新主体灵活可变、组织形式多样、不同学科领域人才交流的大众协作创新的实现。[①]例如，宝马搭建了汽车众创设计平台，并在德国开设了客户创新实验室，使众多分散的消费者与宝马汽车的设计者、生产者实现广泛、实时、频繁的交流互动，激发了社会群体的创新潜力，有效满足了消费者的个性化需求。目前，网络众包提供了多种类型的模式，科技创新需求主体可以根据拟解决技术问题的类型，综合考虑自身众包管理能力，选择最合适的众包创新模式。[②]

2.平台化、生态化、扁平化模式

平台化、生态化、扁平化组织模式是指企业在开展互联网化转型的过程中，对组织架构进行调整，推动传统的科层制金字塔组织结构向扁平化、平台化、生态化组织结构转变，实现信息的高速传递和决策的高效快捷。

高度互联互通的社会使得信息得到全方位的快速传播和融合，这对企业而言既是机遇又是挑战。新产品及服务因受到数字技术所带来的巨大影响而不断在市场上涌现，它们的存在和发展具有很大的未知和不确定性，它们既可以很快被市场接受，也可以很快退出市场。这种局面造成企业学习时间大大缩短，新产品新技术所带来的竞争优势很难维持。这就要求企业找准市场定位，不断满足市场和消费者的需求；不断缩短研发周期，在提高创新效率的同时降低创新成本，做到物美与价廉兼得。例如小米原先将业务重点放在手机的设计和销售上，根据论坛中粉丝的实际反馈设计相关产品并进行小规模产品内测，之后进行大规模的产品营销活动。当前小米越来越重视产业集群生态体系的建设，通过生态圈的扩展，小米软件商店、小米支付、小米路由器等基础设施日益完善。小米手机等硬件核心产品是"第一个小米"，MIUI及其所构建的软硬件服务生态相当于"第二个小米"，而小米投资公司，将成为"第三个小

---

① 赵夫增、丁雪伟：《基于互联网平台的大众协作创新研究》，《中国软科学》，2009年第5期。
② 叶伟巍、朱凌：《面向创新的网络众包模式特征及实现路径研究》，《科学学研究》，2012年第1期。

米"，通过软件、硬件、互联网服务整合的模式构建集群，去抢占或颠覆市场。对于信息行业的企业而言，"互联网+"产业集群是它们与生俱来的特质，使它们走得更加超前，生态布局从企业产品体系扩展到更大的范围和市场。

一些传统的制造企业的智能化应用开始覆盖供应链、物流、制造等各个环节，逐步构建完整的产业系统，从多个维度提升制造业智能化水平。如TCL集团通过搭建互联网应用服务平台、移动互联网应用服务平台、云服务平台等，为用户提供家庭娱乐、健康生活、智能管家的解决方案，全方位提升用户体验。目前，TCL集团的服务生态圈已经整合了视频、娱乐、教育、健康、互联网、金融等多个领域的资源，平台的服务能力已经处于行业领先地位。

在互联网时代，金字塔形的组织架构逐渐显露出弊端，很多大中型企业开始向扁平化组织转变。在精细化管理的基础上，企业整合内部各部门、各环节的数据资源，以及外部（产业链上下游、互联网等）的数据资源，形成企业大数据，并通过分析模型进行大数据分析，将结果直观地呈现出来，使各级管理人员能够灵活、高效地进行智能决策，如生产过程调度指挥、库存占用情况监控等。可以毫不夸张地说，企业工业云平台为企业研发设计、加工制造、经营管理等生产经营活动提供资源支撑和服务保障。浙江华正新材料股份有限公司利用工厂大数据及在线检测远程监控系统管理异地分厂，实现生产流程数字化和可视化，目前，其所有工厂的自控投用率达90%。工业大数据应用已然贯穿了制造、经营、服务全过程，成为企业生产过程中的重要生产要素。

浪潮集团助力制造企业转型的核心理念是"互联、精细、智能"。具体来看，互联是手段，企业可以采用浪潮云采购、电子商务、移动应用等解决方案建立企业内部与互联网之间的数据、应用等连接通道，实现协同互联，为C2M（customer to manufactory）、众包等互联网新兴商业模式提供可能；精细是管理的本质，只有先做好内部管理，外部互联才能真正形成价值。在这部分，浪潮拥有管理会计、财务共享服务、HCM

人力资本管理、CRM客户关系管理等专业工具及解决方案，可通过内部管理精细化、数据化，形成企业大数据，支持外部互联并提供数据支撑；最后在内部精细与外部互联的基础上，依托浪潮主数据管理MDM、数据集成IDI、数据与商业分析BA等专业化工具，整合企业内部、产业链上下游及海量互联网大数据，形成企业大数据并基于此开发出丰富的新应用，提升企业智慧化运营的水平，使"互联网+"真正发挥价值。

三、大数据：使个性化成为可能

"中国制造2025"战略明确提出："要推动物联网、大数据、云计算等在制造业领域的广泛深入应用，全面提升制造业产品、装备、生产、管理和服务的智能化水平"，"从主要提供产品制造向提供产品和服务转变，发展个性化定制服务、全生命周期管理、网络精准营销和在线支持服务"。在互联网尤其是移动互联网的推动下，生产端与需求端的信息交换更加畅通，消费者的消费模式也在逐渐转变，由原来的被动消费向如今的主动消费转变，进而催生出一套新的商业模式，该商业模式主要是由消费者驱动的。在这种模式下，企业不再是简单地听取并解决客户需求，而是要与客户保持实时、广泛的互动，让其参与到需求收集、产品设计、研发测试、生产制造以及营销服务等环节。因此，运用互联网技术构建客户直接面对制造商的互动平台，如C2M平台，实现与客户的精准互动，推进个性化定制、柔性化改造、开放式创新，从而有效降低库存、满足消费者多样性需求，是制造业利用"互联网+"进行转型升级的重要内容。[①]

1.大规模个性化定制模式

大规模个性化定制是指制造企业利用互联网平台，就产品研发设计、生产制造与用户进行实时互动，将碎片化、个性化需求汇聚成批量订单，实现大规模生产，从而为顾客提供高品质的定制产品和服务。从某种意义上来说，企业发展大规模个性化定制，一方面是基于2012年以来中国

---

① 王兴山：《中国制造业转型的核心理念与路径》，《中国工业评论》，2015年第8期。

所面临的市场压力，中国制造企业订单严重下滑，传统的大规模标准化生产方式所带来的企业产能过剩、产品同质化等问题，导致企业产品积压严重，进而致使其产品在市场上缺乏竞争力；另一方面，市场用户追求个性化产品的需求更加强烈，倒逼企业转变生产模式，创新服务模式。

企业的大规模个性化定制之所以能够取得成功，主要有以下几个关键因素。

第一，大数据技术发展。一直以来，定制生产和流水线自动化作业生产是两种相对独立的生产模式，流水线生产本身依靠批量生产来摊薄成本的特性决定了其无法与定制化生产相统一。但是当前工业4.0的目标却又是要求将两者结合在一起。

随着网络化的生产系统利用信息物理系统（cyber-physical production systems，CPPS）的发展和应用，个性化定制和流水化生产的共生发展成为可能。依靠和利用互联网，从某种程度上可以减少生产成本，因为互联网能够根据消费者的行为痕迹跟踪消费者的动向，从而收集到大量的个性化数据资料，对消费者进行更为精确的划分，为扩大定制化市场创造了条件。[①]如浙江春风动力股份有限公司，个性化定制的大数据处理系统是其实现摩托车定制的核心基础。近年来，春风动力加快了对数据的收集整理工作，掌握了摩托车定制的标准化模块以及制造过程中的关键数据，将个性定制的内容输入到智能管理系统后，后端的机器人会自动进行生产。

第二，生产设备的同步升级。从传统的生产模式来看，所有产品都具有基本相同的标准化、流水线式的生产，取料、生产工艺也基本上都是重复性的劳动。但是定制化生产，改变了原有的传统生产模式，千篇一律的产品生产流程不复存在了，每个产品都有自己不同的属性。如青岛红领集团，通过其自主研发的个性化定制平台——男士正装定制领域的大型供应商平台RCMTM（red collar made to measure），实现了大数据

---

① 董伟龙、屈倩如：《迎接智能制造：企业数字化转型》，《中国工业评论》，2015年第4期。

与物联网技术的深度融合。RCMTM平台用大数据系统替代手工打版，不仅解决了传统打版成本高昂的问题，而且系统每天会自动排单、自动裁剪、自动计算、整合版型，这些原来都靠人工完成。如今，工人通过终端识别器从云端获取信息、数据、指令后，即可按照用户个性化需求实现定制化生产。青岛红领通过搭建线上线下融合的个性化定制平台，逆向整合服装设计和生产要素，形成了数据驱动、全球协同、全员在线、实时同步的服装智能定制模式，实现了从C2M的全产业链协同设计制造到M2C的一站式营销，平均每天完成2000～2700件定制西装的生产，原材料库存减少了80%，生产周期缩短了40%[1]。

第三，信息的充分共享。传统工业企业研发设计、生产制造、销售市场等环节的数据都牢牢掌握在各部门手中，各部门之间的信息处于割裂的状态，这就会导致"信息孤岛"问题。信息难以实现充分共享，就会导致产品设计与消费者需求脱节，生产制造与研发设计要求脱节。而内部全部数据的充分共享则是定制化生产模式的一大重要特色和关键的技术支撑，前后端对技术数据、消费需求的理解达到高度一致。例如，浙江孤品网络科技有限公司改变了传统的加工贸易方式，不管美国、加拿大还是法国的客户，只要坐在电脑前，花不了多少时间，就可以定制一件适合自己的西服或衬衫。这种远程定制服装的模式让这家公司快速成长，倪卫清（浙江孤品网络科技有限公司CEO）说："我们用了3D可视化、非接触测量、大数据库等网络技术，让客户自己选款式和细节，自己提交尺码，在线完成定制过程。"

第四，创新的管理理念和企业文化。除了硬件的数据、信息系统、生产线之外，红领成功探索出大规模个性化定制生产模式，这离不开领导者的创新管理理念以及员工的全力配合与创新探索。红领最初探索定制化生产时便建立了100～150人规模的团队对数据、规则进行分析和

---

① 周倩：《红领模式：基于大数据的工业化定制》，《中国工业评论》，2015年第10期；陈娟：《"互联网＋制造业"的核心：客户大数据智能制造》，《中国工业评论》，2015年第10期。

研究，不断摸索，不断改进，直到现在不满足率虽然已经降到万分之一，但仍在对系统进行改进和完善。从某种程度上而言，是红领企业的创新文化理念和管理理念造就了红领模式的成功。可以说，一家企业能够获得成功，与它自身的文化理念和管理理念是紧密相关的。

2.精准供应链模式

精准供应链是指大型企业利用互联网平台对供应链的信息流、资金流、物流等各类资源进行整合。数据是智能制造的生命线，只有做好数据采集和分析工作，才能确保决策系统做出正确的决策，对制造业供应链各环节资源进行计划、组织、协调与控制，提高供应链运行效率，增强供应链的整体竞争力。

大数据给这个时代带来翻天覆地的变化，其中包括制造业的生产方式——从传统的规模化制造向精准的供应链模式转变。在改革开放初期，由于市场上产品供不应求，生产企业一般只需要将生产出来的商品交付到消费者手中，收回款项即可。在此过程中，伴随着广告投入增加和市场份额扩大，企业也逐步地实现了规模化生产。同时，在企业经营环境不是十分复杂的情况下，企业管理者能够根据一些简单的数据和信息做出相应的决策。但是在互联网时代，面对汹涌如潮的大数据，广告效应降低、市场竞争增强，这就促使企业不能仅停留在数据信息汇总的简单层面，还要通过数据挖掘与分析探求数据价值。

物联网、传感器、云计算等前沿技术的最大价值不是让工业企业在更短时间做到更大产量，而是使工业企业与上游供应商、下游销售端之间实现高度数据共享，消灭信息孤岛，提高产品供应链的精准度；促使设计部门能精确完成适合市场需求的产品设计和工艺设计，物流系统能准确实现物料供应和产品配送，制造系统能按时准确完成产品制造，营销部门能精准完成销售方案的设计和实施，增加生产柔性化程度，将一切环节直通用户实际需求，实现产品价值。例如，杭州娃哈哈集团在日常生产过程中依靠智能管理系统，确保制造、物流、销售等各个环节得以顺畅流动，从订单的自动确认、安排工厂加工生产，直到产品交付使用这个完整过程，客户都可在移动终端实时查询。

如今的市场竞争并非企业之间的单打独斗，而是产业链之间的竞争，在激烈的市场竞争中胜出取决于各方共同的能力和效率。与供应商分享得越多，供应商响应你的节奏、整条产业链的效率就会越高。如红豆集团建设了基于互联网的纺织材料交易中心、面料馆、红豆商城交易中心，通过线上线下渠道提供信息、交易、交割等服务，形成了为智能设备厂商做配套、为传统企业做行业应用的B2C融合平台，促进服装纺织产业链企业和个人客户全面参与，目前该平台注册企业2800多家，交易企业近400家，交易额达84.76亿元。[①]

3.社交化、场景化营销服务模式

社交网络已经成为用户覆盖面最广、传播影响最大、商业价值最高的Web3.0业务，可以说是数据科学家眼中的一座金矿。社交平台数据大多是动态非传统数据，涉及大量非结构化、半结构化信息，而这些信息是传统平台所无法处理的。社交网络是顾客表达自我情绪的平台，每天数亿人在网络上发布自己的心情、状态，并产生大量的用户自创内容。其中最具吸引力、应用最为广泛的地方，是其对未来的预期，诸如股市的波动、房价的涨跌等。但消费者的消费心理和行为具有非常不稳定的特点，在消费过程中很容易受到各种因素的干扰，因此，对文本、图像（包括表情）、音频、视频等相关数据的实时处理和分析，能够得到用户对产品或服务更真实、更有效的体验反馈。企业利用各种社会化媒体，比如微博、微信、博客、论坛、BBS、社区等获取消费者的信息，消费者数据的搜集来自多方渠道，同时构建多元化的信息沟通渠道，建立全方位的互动反馈平台与消费者进行互动，实现基于具体场景的社交式营销。企业通过互动反馈平台获得消费者真实的想法、确切的需求，通过与消费者的及时互动，发现消费者正在寻找什么，然后有针对性地为其提供个性化服务。例如，苏宁云商提出了移动互联网社交营销解决方

---

① http://blog.sina.com.cn/。

案，打造"云信"等社交平台，满足了消费品行业用户的社交购物需求。

对于重复购买行为，消费者的消费体验是一个重要的因素，对这一行为起着十分关键的作用。"二八法则"是营销学中的一个著名法则，简单来说，它是指企业80%的利润来自20%的顾客。一般来说，如果粉丝数目或关注人数多，说明影响面广，尤其是对跨境电商来说，信息分享实际上是顾客无意识进行的营销推广活动；如果粉丝在线参与度高，说明影响程度深。大数据在消费者互动反馈中发挥着重要的作用，营销人员可以通过与消费者互动来引导消费者的购买行为，提高消费者的满意度和售后服务的质量，同时满足重复购买的需求。大数据时代，企业可以依托大数据和社会化媒体建立一个企业和消费者互动反馈平台，实现和消费者的良好沟通，提高客户服务水平，培养消费者的忠诚消费行为。例如，思念集团利用微信拓展销售业务并打造社区店直营O2O，支持微信二维码扫描支付，可即时获取渠道及消费者信息，用于大数据决策支撑。

四、大数据有利于产业结构升级

2015年5月，面对全球制造业格局的重大调整，我国实施制造强国战略第一个十年的行动纲领——《中国制造2025》正式下发。《中国制造2025》首次描绘制造业转型的宏伟蓝图，强调推进智能制造、协同制造、绿色制造、服务制造。

智能制造是"互联网+制造业"的发展方向。近年来，传统制造业深受人工成本上涨压力的困扰，机器代替人成为很多企业降低劳动力成本，避免因人员流失而造成损失的重要手段。而数据作为机器的大脑，已然成为推动产业结构升级的新趋势。大数据推动制造业结构升级主要呈现为两种形态。

1.分布式、国际化协同制造模式

分布式、国际化协同制造模式是指制造企业利用计算机技术、多媒体技术和网络技术在全球范围内发现和动态调整合作对象，整合企业间的优势资源，实现全球分散化异地协同设计、制造和服务。从传统的链式加工方式转变成无地域性的并行生产，从而最大限度缩短新品上市时间，缩短生产周期，快速响应客户需求，提高设计、生产的柔性。通过面向工艺的设计、面向生产的设计、面向成本的设计、供应商参与的设计，大大提高产品设计水平和可制造性及成本的可控性。

　　长期以来，国内外的优秀企业一般都采用内部创新模式，即企业使用自有研发设施独立开发所需要的技术或解决方案，完整拥有创新成果的产权，把整个创新过程全部置于企业内部。但这种"自建、自研、自有"的内部创新模式不仅耗资巨大，而且效果及效率无法应对瞬息万变的市场、残酷激烈的竞争和全球化趋势。为了适应"互联网+"时代变革、补充创新资源、提高创新效率，越来越多的企业开始进行产业结构转型实践，借助"开放性创新"的新模式将原先庞大的组织拆解成众多的小微实体，利用网络技术、信息技术，不断地扩大创新服务边界，实现供应链内及跨供应链间的企业产品设计、制造、管理和商务等合作，构建新的企业经营发展模式。例如，中烟机械集团公司在技术系统内打破企业法人界限，将上海烟机技术中心、常德烟机、许昌烟机、秦皇岛烟机、上海烟机五个跨地域的部门组织起来建立分布式协同设计平台，开展大型成套设备的设计。

　　我国制造强国建设已开启了基于全面深化改革的"新制度红利"期，步入了基于高素质劳动者的"新人口红利"期，迈进了基于创新驱动的"新资源红利"期，迎来了基于"一带一路"战略的"新全球化红利"期。协同制造最大的优势在于：在无时间约束、无空间限制情况下，可以利用制造企业的协同工作平台（computer supported cooperative works，CSCW）[1]，将分布于不同地域的多功能项目组成员集中起来，开展基于网络的协同工作。通过发送与接收、选择、评估产品数据，分析技术方案，迅速地完成设计并投入生产。在搭建国际化创新孵化平台上，吉利控股集团已迈出重要的步伐，它不仅通过合并的方式壮大其技术创

---

① 蒋明炜：《工业互联网与智能工厂》，《中国工业评论》，2016年第1期。

新能力，而且还在杭州建立了吉利汽车研究院，使其在整车、发动机、变速器和汽车电子电器等方面具备较强的开发能力；同时，在西班牙的巴塞罗那、瑞典的哥德堡、美国的加州和中国的上海等地分别建立设计造型中心，从而构建起全球造型设计体系，实现全球分布式设计。

案例1：TCL再国际化道路

TCL集团的国际化始于1999年，经历了从越南到其他东南亚国家，再到俄罗斯、印度等新兴国家和地区的快速拓展，但在向欧美国家拓展的进程中，以2004年与汤姆逊、阿尔卡特两场国际并购为标志，此后两年内，由于"文化差异、产业趋势判断失误、准备不足"等一系列因素，TCL集团遭遇了前所未有的重创，到2006年亏损额高达19亿元，电工业务、楼宇业务等非核心业务也因此被迫相继出售。

2014年初，TCL集团提出"双+"战略转型，从经营产品为中心转向以经营用户为中心，实施"智能+互联网"与"产品+服务"的"双+"转型战略与国际化的双轮驱动。"智能+互联网"是以互联网思维规划极致体验的智能产品和服务，在集团技术和经营方面进行重大转型；"产品+服务"是重构互联网时代创新商业模式，实现企业商业模式的重大转型。

借力"一带一路"合作协议，TCL集团整合全球资源，先后与伊朗国有大型家电企业SHAHAB集团、美国亚马逊、澳洲Harvey Norman公司等合作，在全球80多个国家和地区设有销售机构。拓展其全球营销网络，连续两年实现千亿营收规模，国际化业务收入占比超过45%。在输出工业能力上，TCL集团正在有条件的国家和地区与合作伙伴一起，逐步在当地培育工业能力和产品技术能力，积极推进互联网应用和服务业务落地。TCL集团已经在中国、美国、法国、新加坡等国家设有23个研发机构，在中国、波兰、墨西哥、泰国、越南等国家设立21个制造加工基地。2015年，TCL集团与埃及最大的家电企业ELARABY签署备忘录，在埃及建立液晶彩电工厂，并辐射整个非洲以及中东市场。[①]

---

① 孙晓利：《TCL集团：探路制造业转型升级》，《中国工业评论》，2016年第7期。

在新一轮科技革命和产业变革中，制造业必须迈向智能制造，拥抱互联网，只有这样才能获得可持续发展的竞争优势。依靠信息物理融合系统实现协同设计、协同供应链、协同生产、协同服务、企业电子商务。企业发展的必由之路是将企业置身于全球供应链的生态系统之中，从而进一步提高供应链的竞争能力。为了满足企业的网络化协同制造的要求，阿里云已经在美国建设了第二个国际数据中心。2016年11月，作为阿里巴巴的核心科技战略组织之一的阿里云在迪拜宣布其位于欧洲、中东、日本和澳大利亚的数据中心也相继开通服务，阿里云已在全球建立起了13个服务节点。迪拜的Meraas控股集团与阿里巴巴签署合作协议，宣布双方将合资成立一家全新的技术型企业，为中东、北非地区的企业以及政府机构提供以云计算为支撑的系统集成服务。Meraas首席投资官Abdul Wahab Al-Halabi表示："在中东和北非，云计算市场扩张得非常迅速，像阿里云这样的中国企业很受欢迎。"2017年3月9日，阿里巴巴集团召开首届技术大会，会上阿里巴巴透露正在启动一项代号为"NASA"的计划，面向未来20年组建独立研发部门，通过新的机制体制为服务20亿人的新经济体储备核心科技。

事实上，阿里云在建设服务节点过程中，还为全球技术社区做出了重要贡献。截止到2016年9月，阿里云已经开源115个项目，加入了FSF基金会、Apache基金会、Linux 基金会和Xen顾问团队。2015年11月正式加入Apache基金会以来，阿里技术已经向Apache 基金会捐赠了三个开源项目。"阿里巴巴未来20年的愿景是构建世界第五大经济体，服务全球20亿消费者、创造1亿就业机会、帮助1000万家企业盈利。"

案例2：从无人相信到一云跨两国

从不信到相信容易，但从相信到拥抱阿里云则是另一回事。如何把一个中国的产品变成国际的产品？相对于亚马逊AWS和Azure，阿里云在海外没有知名度。当阿里云尝试开拓日本市场时，包括软银在内的很多当地合作伙伴都不相信阿里云的技术。2016年天猫"双十一"全球狂欢节中，阿里云的"飞天"系统展示出超强的大数据分析、运算能力——每秒17.5万笔交易峰值、每秒12万笔支付峰值，让这些合作伙伴看后都大为惊讶，合作也水到渠成。[①]

从阿里云发展角度的确可以看到国际市场对中国品牌的不信任，但这也很正常。阿里云在过去短短两年的时间里建立起数据中心的全球化布局表达了阿里云向国际市场进军的决心，而在日本等地成立合资公司表达了阿里云在拓展国际市场方面的灵活性。阿里云的日本客户NewTrustSystem以及中国公司中科创达公司日本分公司负责人均表示，采用SoftBank Cloud最大的好处就是能够一云跨中日两国市场，SoftBank Cloud品牌运营的是Alibaba Cloud技术，可以无缝跨中国与日本两国市场区域，对于中国公司拓展日本业务以及日本公司拓展中国业务都是最佳选择。

阿里云花费两年时间完成了国际化1.0阶段，初步建立了阿里云技术及品牌的国际网，各地的本地人员也部署到位，陆续取得了一些本地品牌客户。"接下来就是阿里云国际化2.0阶段，阿里云希望在欧美、日本、东南亚等国际主干网市场，成为当地市场的四大云供应商（AWS、Google、Azure以及Aliyun）。"

2.数据化、服务化模式

数据化、服务化模式是指制造企业利用物联网、云计算、大数据等信息技术，开展对联网设备的在线技术支持、远程监测、故障诊断和运营维护等服务。如今，制造企业正在不断向客户服务型企业转变，这主要是因为数字世界与实体世界之间的边界正在逐渐变得模糊。制造业服务化不是"去制造业"或单纯地转向生产性服务业，而是制造企业实现价值增值、增强核心竞争力的重要途径。

从国际上看，发达国家产业结构呈现"两个70%"现象，即服务业增加值占GDP的70%，生产性服务业增加值占服务业增加值的70%；并

---

① 《阿里云初步建成"日不落"云，国际业务增长400%》，https://zhuahlan. zhihu.com/。

且发达国家制造业服务化水平明显高于工业化进程中的国家。美国的制造业中服务型制造大概占到了60%，而中国的制造业中服务型制造只占了不到2%，但年均复合增长率已达20%。同时，以国际直接投资为代表的比较优势、全球价值链等理论，以及由发达国家企业主导的国际分工观点认为，微笑曲线底部附加值低的业务主要是由发展中国家企业来从事，而研发、关键零部件制造、销售、品牌管理、服务等微笑曲线两端附加值高的业务则主要由发达国家的大型企业来承担。全球500强企业中，服务业企业占比超过50%，产品在制造过程中的增加值不到产品价格的40%，包括微软、通用等制造企业都意识到面对蓬勃发展的各种服务类型、不断涌现的竞争对手及其先进的经营方式，需要积极探索服务化转型。

因此，无论是发展国家战略还是企业的实践经验，都表明：以大数据等新一代信息技术应用为基础的，以客户为中心的服务化转型仍是中国制造业的唯一出路。这具体包括以下两个层面的含义。

第一，制造业投入服务化。制造业投入服务化，包括新技术研发、市场调研和广告、物流、技术支持、零部件供应、信息咨询等方面。2015年，中国制造业研发投入强度（研发投入总量与产品销售收入的比值）仅为1.1%，而美国为4%、日本为3.4%。除此之外，中国制造业对品牌的打造也不够重视，从而导致严重的品牌老化问题。国务院下发的《关于发挥品牌引领作用 推动供需结构升级的意见》，强调企业要增强品牌意识，鼓励企业主动提升品牌形象。因此，我国制造企业，尤其是工业领域的制造企业，需要以大数据、人工智能、移动互联、3D打印等新技术跨界应用为基础，进一步加大技术研发、标准制定、质量管理、品牌建设等方面的服务性投入。在互联网浪潮的摧枯拉朽之势下，很多传统制造企业开始加强在服务化方面的投入力度。

第二，制造业产出服务化。制造业产出服务化包括销售服务、维修保养、金融租赁和保险等方面。产业互联网时代的突出特征是"开放、定制、互动、体验"，互联网正在瓦解和重构传统制造业原有的价值链体系，新的制造模式正不断涌现，C2M就是一个典型的代表。在此过程中，一些企业已经不是单纯的产品生产者和提供者，而是成为24小时在线、了解和预测客户需求的"客户运营商"。在"产品＋服务"的混合模式下，通过智能的、可联网的实物产品生成数据，并据此提供数字化服务，获取经常性收入，实现从卖产品向卖服务的根本性转变。例如，世界知名的跨国制造企业米其林已经从产品制造商转变为"产品＋服务"的提供商，在一项帮助卡车车队降低燃油消耗的服务中，通过在卡车的引擎和轮胎上放置嵌入式传感器，收集有关油耗、胎压、胎温、车速及位置等数据信息，并通过云平台进行分析和分享，并最终由米其林专家团队根据分析结果对使用这项服务的卡车车队管理人员给出行驶建议，每百公里减少2.5升的油耗。同时，米其林还将官方网站上的轮胎知识延伸至实体课堂培训中，参加培训的客户还可以选择按里程购买轮胎。①

利用产业物联网构建"产品＋服务"的混合商业模式不同于产品特性变更，必须从客户需求出发，摆脱渐进的方式，采用突破性方案解决关键性的业务问题。长期以来，我国对制造业服务化的认识尚不到位，"重工业、轻服务"的思维惯性普遍存在，发展生产性服务业的思路和举措较为落后。虽然近年来我国制造业企业开始重视制造业的服务化转型，在装备制造和电子信息等领域涌现了一大批制造业服务化的企业，如陕鼓、海尔等。但是由于我国制造业服务化的起步较晚，政府部门对制造业服务化还缺乏完善的政策支持，许多生产性服务企业的财税优惠较少。另外，企业的专业化分工与合作的意识淡薄，对生产性服务的需求还是以传统服务为主。

近年来，发达国家的先进企业因国际经济形势的持续低迷而陷入经营困境，发展中国家的企业因调整经营目标的需求而获得了发展的机会和技术窗口，因此，在"一带一路"倡议中，除了加强对制造业企业

---

① 保罗·多尔蒂、普里斯·本纳吉、瓦利德·纳吉姆、艾伦·E.奥尔特：《产业物联网：推动中国企业转型的新机遇》，《中国工业评论》，2015年第1期。

"走出去"的政策扶持外，传统的制造企业需要进行产业技术跨越式升级，促进制造业数字化、智能化、网络化发展，才能够更好地洞察价值链上的各环节，制定更为合理的战略决策，不断提升中国制造的服务化水平。

案例 3：中科创达的服务创新 [1]

中科创达是一家智能终端操作系统及平台技术提供商，该公司自2008 年成立以来就专注于智能终端操作系统方案和技术的研发、销售及相关技术服务。公司业务涉及面向智能手机、平板电脑、智能车载、智能硬件、物联网设备的软硬件一体化解决方案，以及面向企业客户的移动安全操作系统与移动设备管理系统等。2014 年开始在智能汽车、智能硬件等领域迅速拓展和布局。

在开拓日本市场过程中，中科创达与很多日本知名企业都有长期合作关系。在日本有移动、车载、IoT 三大业务，与 10 多个日本顶级的OEM 厂商包括索尼、夏普、富士通、NEC、松下等建立了业务关系。随着智能汽车等硬件的成熟，中科创达将加深与软银云和阿里云合作，把云服务与智能终端紧密联系在一起，作为整体系统提供给客户。

第二节　大数据优化商业经营模式

和企业的固定资产、人力资源一样，海量的数据被收集、交换、分析和整合，也将成为企业生产经营的一种基础性资源，大数据所积蓄的价值将驱动经营和决策的变革，大数据将是创新、竞争和提高生产率的下一个领域[2]，大数据蕴含着经营创新的新市场机会和新利润空间。

---

① 《阿里云初步建成"日不落"云，国际业务增长400%》，http://www.voidcn.com/。
② Mckinsey、Global Institute：*Big Data：The Next frontier for Innovation，Competition and productivity*. 2011（5）.

一、商业中数据的使用

在互联网时代收集消费者数据变得更为容易，这极大地促进了消费者分析与洞察的方式的更新，但是仍然具有困难，例如难以做到深入了解消费者的真正需求和行为特征。因此，传统的营销调研和消费者分析出现失误的案例比比皆是。大数据时代，消费者所有的行为都会留下记录并以数据化的方式保存下来，这给企业分析消费者行为提供了巨大的帮助。因此，大数据条件下，可以通过消费者的足迹来长期追踪消费者的消费行为，准确地给消费者画像，全面洞悉消费者真正的心理和行为需求。

1.商业数据产生方式的变迁

零售业数据的产生已经完全不受时间和地点的限制，以前手工记录是数据管理的主要方式，数据的存储与产生方式大致经历了四个阶段，最终导致零售业大数据的产生。

（1）手工记录和电子收款机阶段。20世纪80年代之前，数据产生于台前结账收款，依靠工资管理、合同管理和财务管理等小范围内重复手工劳动和简单计算，与今日的数据量比较，此阶段的数据无疑非常有限且没有太高的科技含量。

（2）PC机和POS（point of sales）系统阶段。20世纪80年代中后期，企业在大型机上部署财务、银行等关键运营式应用系统，存储介质包括磁盘、磁带、光盘等，PC机应用后，企业内部出现了以公文档为主要形式的数据，包括Word、Excel文档、图片、图像、影像和音频等。

20世纪90年代，数据存储与产生进入POS阶段。POS系统是由电子收款机和计算机联机构成的经营终端前台网络系统，该系统能直接入账、实时处理，显示即刻时点的所有销售信息。90年代后期基于POS系统的条形码技术、色码技术、银行卡互联互通技术、POS服务的管理信息系统、财务管理软件和系统集成产品广泛应用。

2010年，基于智能手机和平板电脑的移动POS系统开始在零售企业出现，老一代POS系统正在被新一代开放、全功能POS平台所代替，全功能POS系统除满足传统的销售管理外，能支持退货退款、卡处理、执行PCI安全标准、库存查阅、员工培训、忠诚度计划、网上销售、人力管理、自助结账、全渠道营销、二维码读取、数字数据、近场通信（NFC）、移动商务等功能，新一代POS系统已成为现代零售企业无可替代的神经中枢，POS系统的功能从point of sales逐渐演变为point of services，极大地促进了零售业数据量的增长。

（3）用户原创的互联网阶段。进入21世纪，互联网的兴起促成了数据量的大规模增长。互联网时代，几乎全民都在制造数据，然而真正的数据爆发产生于Web 2.0时代[①]。与此同时，数据的形成也极其丰富，一方面，既有社交网络、多媒体、协同创造、虚拟服务等应用所主动产生的数据；另一方面，又有用户在搜索引擎、网页浏览过程中被记录、被收集的数据。该阶段数据的特点是用户原创、主动、交互。

（4）移动和感知式物联网阶段。随着移动互联网、感知物联网和云计算的广泛使用，数据存储和产生实现了从手工被动到原创主动再到智能自动的跨越。布置于社会各个领域的传感器设备，能够全天候监控和源源不断地自动产生新数据。零售业无线射频技术（RFID）的大规模应用不仅提高了数据采集的粒度，而且增强了数据采集的频度，极大地推动了零售行业数据量的增长。

2. 商业大数据的形成

零售业有价值可拓展的大数据总体可以分为两个部分：一是大交易数据，即零售企业交易产生的数据，包括商品数据、销售数据、运营数据、财务数据、顾客关系数据和市场竞争数据；二是大交互数据，即由POS系统、互联网、物联网、移动终端、智能终端、传感器和观测设备等产生的关于零售企业与顾客信息的交互数据，主要包括社交网络数据、射频识别数据、时间和位置数据、文本数据和观测数据。这些数据以手

---

① 涂子沛：《大数据》，南宁：广西师范大学出版社，2012年，第286—287页。

工被动、原创主动和智能自动等形式共同构成了零售业大数据的主要来源，其中自动式的数据是零售业大数据产生的根源。

进入21世纪以来，随着技术变革与市场需求的快速变化，企业面临复杂程度高、难度大的决策环境。一方面，面对经济全球化、企业集团化，以及国家和地区之间的差异，要求企业决策者对资源进行重新配置与优化组合，以满足不同国家和地区的需求；同时零售企业集团化、规模化扩大，组织机构增多，管理功能日趋复杂，这也给企业进行战略决策带来一定的困难。另一方面，从消费者角度来看，个性化和差异化的趋势日渐明显，消费者由大众消费向"碎片化"消费时代迈进。

传统的数据分析方法可以通过文本形式输出结果或者直接在电脑终端上显示结果，因此，决策者可以通过经验做出决断。在大数据背景下，一方面数据分析结果十分庞大，另一方面数据分析结果之间的关联极其复杂，依靠直觉经验和"有限数据"的传统决策方法会导致战略定位不准，根本无法满足现实需求。同时很多企业虽然累积了大量的数据资源，但并没有进行有效的开发和利用，导致数据资源被浪费，因此，大数据时代企业对于数据管理的需求会激增。有些数据即使进行了分析处理，但没有采取适当的分析方式，所得到的结果让人难以理解甚至有误导作用。这就需要从以下两方面提升数据解释能力：一是引入数据可视化技术，通过把复杂的数据转化为直观的图形，在逻辑思维的基础上进一步激发人的形象思维和空间想象能力，吸引、帮助零售商洞察数据之间隐藏的密切关系和规律；二是让各部门能够在一定程度上了解和参与具体的分析过程，具体方法是采用人机交互技术（利用交互式的数据逐步地进行分析，使各部门在得到结果的同时又能更好地理解分析结果的由来）和数据起源技术（该技术可以帮助追溯整个数据的分析过程，有助于零售商各部门理解数据的分析结果）。

二、商业大数据的应用

放眼未来，零售业的经营创新和企业管理的重大变革必将由大数据所蕴藏的巨大价值所引起。

1.应用的必要性

现代零售企业的日常管理和经营运作中都有大数据在源源不断地渗入，从不断生成的交易与交互数据中，零售企业可以获取多方面信息，涉及消费者、供应商和运营管理等方面，大数据的形成与应用对现代零售业的数据竞争力、经营运作理念、组织业务流程、市场营销决策以及新型商业模式等产生了巨大影响，使得零售企业经营管理决策越来越依赖于数据分析而非经验甚至直觉。[①]零售业大数据应用的必要性体现在以下三个方面：

（1）构建零售业的新型数据竞争力。麦肯锡报告指出：已经有越来越多令人信服的证据表明，只要实施正确的政策和激励，大数据将成为竞争的关键性基础，并成为下一波生产率提高、创新和为消费者创造价值的支柱。托马斯·达文波特指出：要做到"低成本、高效率"的运营及决策正确，企业必须广泛推行以事实为基础的决策方法，大量使用数据分析来优化企业的各个运营环节，通过基于数据的优化和对接，把业务流程和决策过程当中存在的每一分潜在的价值都"挤"出来，从而节约成本、战胜对手，在市场上幸存。

案例4：国美、苏宁与京东的对比分析[②]

苏宁、国美等传统零售商最初的发展逻辑是：开新店、吸引更多客流、销售额更大、采购规模更大。顾客采购得越多，供应商越开心；但随着采购规模进一步增加，苏宁、国美对厂商的博弈能力不断增强，压低采购价格、设置各类隐形的费用等举措，造成供应商的反弹。虽然剑拔弩张，但是谁也离不开谁，吵吵闹闹中一年又一年。等到苏宁、国美店面扩张的步伐稳定下来，其与供应商的博弈也达到了均衡期。

之所以苏宁、国美与供应商存在如此激烈的博弈，根本原因在于他们需要分食家电等商品的利润。苏宁拿多了，厂商自然就拿少了。如果

---

① Anderson C.*The end of theory：The data deluge makes the scientific method obsolete. wired Magazine*，2008（7）.
② 《产业互联网》，http://www.docin.com。

大家都想拿多，势必会针对消费者涨价。所以，以苏宁、国美为核心的产业生态①，处在紧绷绷的脆弱关系中，大家都在骑驴找马，寻找更好的出路。如格力开始自建渠道，设立专卖店及网络销售等，不过度依赖苏宁这种连锁销售模式。

京东则是另外一种模式。京东善用数据预测消费者动向。它可以提前把消费者可能想买的货送到离消费者最近的仓库去。一旦下单，最快速度送达。依托大数据培育的预测能力，京东在产业生态方面拥有了"神"一般的能力。因为有了预测，它可以对上游厂商做出指导性的指令，协调上游更好地改进设计、更高效地组织生产，扩大商品的销售，不断做大产业生态。它提供的是阳光、空气、水一样的服务，也就是所谓的生产性服务业，如金融、物流、通信等服务。

零售业大数据的形成是一个从量变到质变的过程，零售业大数据存在许多特点，其中包括多源异构、分布广泛、动态增长、时空特性等，它可以使许多不可能成为可能，实现诸多领域的匹配，例如：历史数据与即时数据的匹配，行为方式与特殊情境的匹配，物理世界与虚拟世界的匹配。基于数据分析，零售商可以解决以下几个方面的问题：最佳的商品组合和库存量；导入新商品，淘汰旧商品的时间；商品的分类上架和捆绑销售；不同季节、不同时段的商品定价；促销形式；应对突发事件的措施等；供应链分析，具体包括选择供应商，优化物流、现金流和配置人力资源等。利用大数据技术，优化整合供应链的各个环节，构建一个统一的供应链平台，各部门共享供应链平台的数据和服务，快速灵活地应对顾客消费的变化，降低供应链成本，提高商品采购、仓储管理、物流配送和最终销售间的运行效率。

（2）实现零售企业对市场的实时化理解和对顾客需求的精准化洞察。

首先，洞悉消费者的真实需求。消费者的真实需求具有隐蔽、复杂、易变和情景依赖等特点，传统数据形式难以反映顾客的真实需求，因为

---

① 产业生态包括上游的供应商、下游的经销商以及合作伙伴。

传统数据都是历史的静态的结构化的数据，而互联网、物联网上顾客的数据痕迹具有传统数据所不具有的优越性，它们能直接反映消费者的性格、偏好和意愿。在大数据背景下，零售企业记录或搜集顾客在各种渠道和产品生命周期各个阶段的行为数据和偏好数据，通过数据分析，宏观上可以把握顾客的结构、流量、购买周期以及不同顾客群的利润率和贡献率；微观上可以具体到每一个顾客的购买频率、购买兴趣、忠诚度和流失的可能性。

其次，消费者被准确细分。传统的数据划分主要是以地理位置、人口统计特征为标准的，而如今这种划分方式已不能满足市场的需求，逐渐被以爱好兴趣、生活方式、价值观、沟通方式为标准的数据化细分所取代；本质上讲，每个人的兴趣、爱好与需求都不同，每个人都是一个细分市场，大数据正在使零售企业向"微市场"迈进，构建基于大数据的顾客购买行为模型，主动推荐个性化的产品和服务。通过全息可见的消费者个体行为与偏好数据的点、线、面齐全分析，可以确定最忠诚的顾客群体，预测其消费意愿，主动为其提供专属性的产品和服务。从接触顾客、吸引顾客到管理顾客、专题促销，再到最终的销售，整个过程只在数据交互中实现，通过了解用户行为数据，实现精准销售。

最后，动态定位。寻找目标消费者和潜在消费者是传统营销活动的起点。对于营销活动来说，其第一要务就是寻找产品目标消费者或潜在消费者，而这又是通过市场调查、消费者分析和市场细分等一系列手段来实现的。但消费者的需求和消费行为的随意性，给商业的营销策划带来了一定的难度。大数据的集成、分析与解释能力，为零售业提供了一种新资源和新能力，使数据的反馈与响应可在瞬间完成，为解决新问题提供了新的视野和路径，它引发零售业对资源、顾客、价值、结构、关系、边界等传统观念的重构。大数据驱动的商业模式创新，全息可见的消费者个体行为与偏好数据等使得实时个性化成为可能。彻底的个性化与定制化将颠覆一切传统的商业模式，成为未来零售业发展的终极方向和新驱动力。

（3）实现零售企业基于大数据的创新思维。大数据环境下，零售业的创新思维涉及三个方面。其一，整合企业内部与外部的大数据，分析多渠道、互联网与移动网、线上线下消费者行为图谱及其联系，通过识别顾客的数据，设计潜在的个性化服务，满足不同细分市场的需求。其二，基于大数据平台的数据实时分析，预测顾客实际行为的变化并设计与之相适应的销售策略。其三，基于大数据平台的零售业新型商业模式创新。这种商业模式创新的源泉依赖从海量的可拓展数据中挖掘有价值的信息，以及这些信息真正影响零售企业运营系统中的销售模式、组织结构调整、劳动生产率、经营绩效、管理决策和管理效率，实现大数据的商业模式创新给零售企业带来的价值提升。

案例5：阿里巴巴集团与百联集团的战略合作 [①]

2017年2月20日，阿里巴巴集团和中国最大的多元化全业态零售集团——百联集团在上海宣布达成战略合作，两大商业企业将基于大数据和互联网技术，在全业态融合创新等六大领域展开全方位合作。

百联集团是由原上海市第一百货集团、华联集团等多家国有零售企业合并重组而来，直接持股和间接控股百联股份等多家上市公司。从百联集团拥有的资源看，其线下门店体量、成熟的供应链、完善的仓储系统正是阿里巴巴构建新零售所需要的。百联集团在线下零售行业的地位不亚于阿里巴巴在电商行业的地位，二者在各自阵营门当户对。

百联集团旗下上市主体百联股份是集综合百货、大卖场、标准超市、便利店、购物中心、奥特莱斯、专业连锁多业态为一体的商业航母，是中国市场规模最大的综合性商业集团。百联股份自有物业较多，旗下门店占据核心商圈，共有门店近4000家。其中，百货类门店47家，多占据上海主流商圈，在寸土寸金的人民广场、南京东路、五角场等核心区域都有布局。根据海通证券的统计数据，截至2016年底，百联股份百货类商业面积共311万平方米，自有物业202万平方米，占比65%。在品牌方

---

① 《阿里巴巴集团与百联集团达成战略合作》，http://www.heshehgcalfu.net。

面，第一八佰伴、东方商厦、友谊商店、华联商厦、永安百货等老牌百货皆为其旗下资产。2015年实现收入492亿元，净利润12.76亿元，收入规模在2015年连锁经营协会的连锁百货中排名第一。据连锁经营协会统计，百联股份控股的联华超市2015年含税销售规模605亿元，仅次于华润、高鑫零售（旗下拥有连锁超市大润发）以及沃尔玛在中国市场的规模。

从阿里巴巴的布局情况看，其偏爱具有区域密度和一定电商基础能力的传统零售企业。苏宁、银泰、三江购物都是最先拥抱电商的先锋。因为具备一定电商的基础，当阿里将海量互联网用户流量导入时，这些企业自然也具有流量承接和转化的能力。2015年，阿里巴巴和苏宁达成全面战略合作，阿里成为苏宁第二大股东。2016年11月，阿里巴巴集团子公司阿里巴巴泽泰通过协议受让等方式收购三江购物股份。若可交换债全部转换为股份，则阿里巴巴泽泰持股比例会增至35%，成为其第二大股东。除了超市业态，百货公司是阿里巴巴布局更早的线下业态。早在2013年，阿里巴巴便与银泰展开战略合作，包括淘品牌入驻银泰、银泰在天猫超市开线上超市，推出逛街App"喵街"等。

百联集团在电商方面已有探索，2016年5月上线全新电商平台i百联。i百联整合百联集团旗下原百联E城、联华易购和百联股份网上商城，网站、手机App、微信公众号组成线上平台矩阵，以百联集团旗下全业态企业为线下支撑，以商品、体验、供应链为核心，将门店、社区、商圈与统一会员体系串联，形成全渠道商业生态圈。与阿里巴巴的合作，百联集团董事长叶永明指出："新零售不仅是线上线下的融合，更是以互联网和物联网、人工智能及大数据等领先技术为驱动，面向线上线下全客群，提供全渠道、全品类、全时段、全体验的新型零售模式；在新消费时代发展的趋势下，双方应通过战略合作，充分融合以产生化学反应，优势叠加以产生质的跨越，重构商业要素，重塑零售价值，共同创造新零售模式。"

在2016年的云栖大会上，马云第一次提出"新零售"的概念，并表示纯电商时代过去了，未来十年是新零售的时代，线上线下必须结合起来。随后，"新零售"迅速成为热词。不过，从2013年的O2O到2015年的"互联网+"，再到"新零售"，似乎都是线上线下融合的类似表达。业内人士担心"新零售"只是"新瓶装旧酒"。

对于什么是"新零售"，阿里巴巴CEO张勇指出，新零售是利用互联网和大数据，将"人、货、场"等传统商业要素进行重构，包括重构生产流程、重构商家与消费者的关系、重构消费体验等。商业企业通过大数据完成消费者的可识别、可触达、可洞察、可服务。阿里巴巴的整个生态体系通过大数据、新技术帮助商家完成重构。上海是全国商业中心，百联集团是零售全业态集大成者，各方共同探索新零售，意味着未来的商业将不再有线上线下之分，也不存在虚拟实体之别。

在线上电商完成消费者教育和深度覆盖后，线上流量趋减，成本趋增，增速放缓，格局稳定，线上线下成本平衡，以阿里巴巴为代表的电商平台开始积极向线下寻找流量与服务，与实体渠道的深度融合共享越来越有必要。国务院2016年11月发布的《关于推动实体零售创新转型的意见》则从政策层面推动实体零售补短板、增优势，提高核心竞争力，促进跨界融合，促进线上线下融合，促进多领域协同，促进内外贸一体化，通过融合协同构建零售新格局。

与过去不同的是，新零售是线上主动联姻线下、线上线下全面融合，新零售不再拘泥于渠道形式，而是全面利用移动互联、大数据、VR/AR等新技术，把握90后、中产阶级、老龄人等群体的新消费趋势。以线上线下巨头"联姻"为主要方式的新融合，以便利店、购物中心、奥特莱斯为代表的新融合，以供应链服务、物流仓储、电商代运营为内容的新服务，构成新零售的新机会。

线下零售的回暖更增加了其吸引力。随着电商增长趋缓，电商对百货的冲击缓解，百货历经5年左右的寒冬后，线上线下逐渐形成再平衡格局。百家重点零售企业零售额增速自2016年底逐季回升，或预示着传统零售业呈复苏趋势。部分领先的传统百货企业，如王府井、天虹商场、银泰商业等，在全渠道转型、新业态布局、供应链优化等方面积极推进，积蓄新的增长点。

2.应用的可能性

多种技术协同，才能更好地实现大数据价值的完整体现及其应用，这些技术分为三个层面：平台层（并行构架和资源平台，即硬件层面）、系统层（大数据存储管理和并行编程模型与计算框架，即软件层面）、处理层（数据挖掘与数据分析，即应用开发层面）。零售业的大数据应用的强大的技术支撑主要来自三个层面技术的逐渐成熟。

（1）大数据的平台层技术——云计算。大数据是存储的内容，云计算是存储大数据的IT架构，大数据的存储与利用离不开IT计算资源池组织配置架构的云模式，云模式中资源池的核心内容是复杂的巨量数据。2006年，google首先提出云计算概念，支撑google内部各种大数据应用的正是其自行研发的一系列云计算技术和工具，包括文件系统、数据库系统、索引与查询技术、数据分析技术等，这些技术被广泛应用。大数据在如今有用武之地，依靠的是云计算技术在数据存储、管理与分析等方面的支撑。

（2）大数据的系统层技术——关系数据库。目前，Hadoop是应用最广的大数据处理平台，它已经发展成为包括文件系统、数据库、数据处理等功能模块在内的完整生态系统。实际上，Hadoop成为大数据处理工具的标准，其大数据处理主要集中在系统性能开放、高效查询、索引构建和使用、构建数据仓库、数据库系统连接、数据挖掘和推荐系统等方面[1]。传统数据库技术面临新的挑战，一是大数据时代的数据量远超单机所能容纳的数据量，需要系统具有扩展性的分布式存储方式。二是传统数据库比较适合结构化数据[2]的存储，但是除结构化数据外，非结构化数

---

[1]　孟小峰、慈祥：《大数据管理：概念、技术与挑战》，《计算机研究与发展》，2013年第1期。

[2]　结构化数据，也称为行数据，指存储在数据库里，可以用二维表结构逻辑表达实现的数据。

据①将是大数据的重要组成部分。关系数据库就是在此背景下应运而生并逐渐发展起来的，"普适性"是关系数据库所追求的目标，它希望将用户从繁杂的数据管理中解脱出来，在面对不同时间、不同问题、不同数据类型时，从新理念出发，设计原子性、一致性、隔离性和持久性的新的数据管理方式。

（3）大数据的处理层技术——数据挖掘。数据挖掘是指通过特定的计算机算法对大量的数据进行自动分析，从而揭示数据之间隐藏的关系、模式和趋势，为决策者提供新的知识。在数据挖掘过程中，根据不同的应用需求选择不同的挖掘模型，对数据进行深度挖掘。数据挖掘模型有两类：一是分析模型，主要有关联规则分析、分类与聚类分析、社会网络分析、变化与偏差分析。二是用户模型，从人的性别、种族、年龄和兴趣角度进行分类，挖掘应用包括排名与个性化推荐、异常检测、Web挖掘与搜索、大数据的可视频化计算与分析等。数据挖掘有两个侧重点。数据挖掘把数据分析的范围从已知扩大到未知，从过去推向将来，通过揭示规律和预测未来，做到前摄的、基于知识的决策。

3. 应用实例

如今新一代的商业经营模式正在悄悄地改变这一切，它们从一开始就直接利用大数据提高销售。网上商业的竞争优势并不在于价格优势，而在于购买放心度，从这一方面考虑，人们更加愿意去实体商店购买而不是在互联网上购买。如在选购一些生鲜鱼类时，人们更加愿意直接去超市购买，因为实体店在质量上更有保证。那么，网上商业是如何在与实体经济的竞争中发展起来的呢？关于这点，很大程度上归功于大数据的时效性，以下就淘宝网为例展开讨论。

淘宝网（taobao.com），是中国最大的网购零售平台，也是亚太地区较大的网络零售、商圈，由阿里巴巴集团在2003年5月创立。它拥有近

---

① 非结构化数据，指不方便用数据库二维表结构逻辑表现的数据，包括所有格式的办公文档、文本、图片、XML、HTML、各类报表、图像、音频和视频信息等。

5亿的注册用户数，每天有超过6000万的固定访客，同时每天的在线商品数已经超过了8亿件，平均每分钟售出商品4.8万件。随着淘宝网规模的扩大和用户数量的增加，淘宝也从单一的C2C网络集市变成了包括C2C、团购、分销、拍卖等多种电子商务模式在内的综合性零售商圈。目前它已经成为世界范围的电子商务交易平台之一。

2011年6月16日，阿里巴巴集团旗下淘宝公司分拆为三个独立的公司，即沿袭原C2C业务的淘宝网（taobao），平台型B2C电子商务服务商淘宝商城（tmall）和一站式购物搜索引擎——淘网（etao）。在新的架构中，淘宝分拆后的三家公司采用总裁加董事长的机制运营。2012年1月11日上午，淘宝商城正式宣布更名为"天猫"。2012年3月29日，天猫发布全新Logo形象。2012年11月11日，截至上午8点16分，开始8个小时的天猫"双十一"购物节，支付宝交易额已经达到50亿元，接近2011年"双十一"全天淘宝和天猫的总交易额。"双十一"全天，淘宝、天猫平台交易金额已经达到191亿元。

2015年12月24日，阿里巴巴集团与国家认证认可监督管理委员会信息中心正式签署合作框架协议，双方共同推出"云桥"数据共享机制，阿里巴巴成为首家直接接入国家强制认证信息数据库的电商平台。阿里巴巴旗下天猫、淘宝、1688等电商平台将导入强制认证信息数据库，实现自动校验和标注，从而避免无证以及假冒认证产品。

相比传统的一些零售商店如沃尔玛、联华、家乐福等大型超市，或银泰百货、大商百货等百货商店，淘宝网能如此快速地发展，有其明显的优势：

（1）大数据为其经营管理提供有力支撑。一般来说，传统零售业的原始数据也都有保留，但都是支离破碎地存放在各处，有些还存放在第三方，使用起来较为不便。而淘宝网在依靠阿里云的基础上，对交易数据进行分类，剔除无效数据，可快速提炼出有意义的数据。

对客户全面的信息掌握是淘宝网的一大突出优势，淘宝能从用户购买数据和时间数据中发现购买特定商品的频率，更多的特定用户活动特征可以通过关联数据表现出来，以此能够提高零售商的运用效率。通过将相关联的数据融合、连接在一起，形成一个新的商业应用。如小王前几天买了一台洗衣机，之前还购买了一些生活洗漱用品，同一个使用地址的小陈还购买了其他一些东西，如果按照他们的地址，很容易了解到他们的住房价值，进而完成对顾客生活圈的判定，形成用户影响力和价值的判断，在此基础上，帮助零售业经营创新，实现相关销售活动和产品服务的推广，提高零售业的运营管理效率，这些条件是沃尔玛等零售商所不具备的。

（2）强化相关网商的服务意识。一家企业具有良好的信用，主要是通过用户认可度和忠诚度表现出来，而交易规模大在一定程度上体现出了该企业的用户认可度和忠诚度较高。交易规模表现在很多方面，如累积交易额、交易成功率、新顾客增长率、老顾客回头率等。[1]它相比实体店而言，电商能够根据市场信息反应程度，快速地做出应对，比如它能够随时捆绑商品，并且随时调整价格进行促销。

（3）大数据的时效性和个性化服务。对比相同的商业经营模式，以淘宝网为代表的电商通过分析前台的记录，能宏观上把握顾客的结构、流量、购买周期以及不同顾客群的利润贡献率；微观上确定每位顾客的购买频率、兴趣点、忠诚度和流失的可能性。有了这些点、线、面齐全的分析，零售商就可以确定顾客群体，预测其消费意愿，主动为其提供个性化的销售和关怀指导服务，提高销售额和利润率。[2]今天我们在网上选购商品时，各个电商提供的商品琳琅满目，而且促销活动也此起彼伏，因此，消费者仅仅依靠自己的眼睛很难筛选。一般来说，对于购物目的明确的消费者来说，可以靠搜索来完成选择，但是大部分人逛网店其实并没有太明确的目的，特别是在"双十一"这种大型的"消费狂欢节"，具有针对性的推荐就变得尤为重要。

---

① 刘章发：《大数据背景下跨境电子商务信用评价体系构建》，《中国流通经济》，2016年第6期。

② 郑淑蓉：《零售业大数据：形成、应用及启示》，《理论探索》，2014年第2期。

当然，较长时间的数据积累，也造就了今天淘宝所获得的成功。在数据积累到一定程度之后，通过所谓的"由商品直接推荐商品"使淘宝网推荐系统变得准确而又有时效性。

比如用户在淘宝网上浏览打印机或者电脑时，如果他们在阅读产品介绍和评价，那么可能用户尚未完成购买，推荐相应的产品给用户是合理的。而当用户完成购买后，再搜索或浏览这些产品，推荐给用户打印机墨盒等耗材，就比推荐那些耐用产品本身更加合适。经常在淘宝上购物的人们对这一点有体会，不仅不同的人看到的网页内容是不一样的，而且同一个人今天和昨天看到的内容也是不一样的，尤其是在完成一些购买行为之后。这种精细到每一次交易甚至每一次内容展示的服务，在过去是想都不敢想的，但是如今依靠大数据变成了可能，而且它代表着未来商业的趋势。

第三节　大数据促进产业集群发展

互联网向传统领域的渗透和挑战改变了产业调整的固定方向，"互联网+"大潮呈现出信息零距离、去中心化、分布式的特征，正在颠覆产业现实，给小微企业的发展带来了新的机遇。

一、我国产业集群亟待转型

各国家或地区提升其整体经济实力和综合竞争力的重要载体就是产业集群，但是当前我国的产业集群还处于较为落后的阶段，亟待转型升级。1990年，迈克尔·波特在《国家竞争优势》中提出产业集群概念，并将其定义为"某一特定领域内，在地理位置上邻近、有交互关联性的企业和相关机构，并以彼此的共通性和互补性联结"。在我国，产业集群支撑了中国改革开放以来的经济发展奇迹，在"中国崛起"中扮演着非常重要的角色。据工信部中小企业局对29个省市的不完全统计显示，2014年，我国形成销售收入超过20亿元的产业集群有2530个，拥有企业

94.68万家，平均每个企业吸纳就业56人，如中关村高新技术产业集群、深圳智能硬件产业集群、晋江制鞋产业集群、温州产业集群和宁波服装产业集群等，然而，我国的产业集群地区分布不均匀，自主创新能力差距显著，多数产业构成以传统产业、低附加值生产活动为主，组织结构以民营中小企业为主，处于从发展走向成熟的过程之中。[①]然而，在全球化、信息化的时代背景下，"互联网+"产业集群，构筑产业生态，逐渐成为各国产业发展的新趋势，成为经济相对落后国家和地区弯道超车的重要契机。

1. 产业城镇化的发展趋势

大中城市的辐射带动优势和小城镇生态宜居优势形成互补，实现协调发展、共同繁荣。一些发达国家的小城镇发展也是由当时城市发展困境倒逼而生，英国在经历城镇化高速发展、城市快速扩张阶段后，滋生了诸如房价高涨、住房短缺、治安混乱、工人失业等一系列"城市病"，19世纪末发展兼有城市和乡村优点的"小城镇"和"田园城市"的思想得到政府的响应并付诸实施。[②]

发达国家的市场经济发展，推动了小城镇的创建和发展，尽管市场经济对于形成小城镇起到了主导的作用，但其并不只由这个单一因素所推动，比如不能排除政府通过规划编制实施、发展便捷交通、完善基础设施等发挥必要的引导作用。发达国家的经验数据表明，50%的城镇化率是政府政策调节的最佳时机。经历从农村到城市的城市化以及从大都市市区到郊区的逆城市阶段，美国小城镇发展的内在动力在于交通基础设施的改善导致大城市之间要素流动加速，同时刺激了处于城市间的小城镇的经济发展，郊区住宅开发建设也吸引了大城市中低收入者购买和入住，经济的发展又为小城镇居民创造了大量的就业机会，使得人口分布在地区间逐步趋于均衡。与国内大公司集聚在大城市所不同的是，一

---

① 段浩、刘月：《互联网+产业集群构筑产业生态》，《中国工业评论》，2015年第9期。

② 葛欣萍、李光全：《以创新推动特色小镇发展》，《青岛行政学院学报》，2016年第4期。

些跨国公司的总部"隐居"在小镇，如德国的海德堡印刷公司、奥迪公司等全球性大公司的总部均设在小镇，并与当地社区融为一体，成为小镇的特色"标签"。美国硅谷的小城镇因斯坦福大学聚集了大量创新人才和风险投资，成为全球知名的科技高地。日本小城镇注重本地特色产品的开发，包括农产品、文化和旅游等产品，位于群马县西北部的温泉观光小城镇草津町，镇上人口仅有7000左右，但观光游客每年却高达300万人以上。[①]

2.我国产业集群亟须转型

长期以来，普通的中小型企业无力承担因产业核心技术的研发周期较长所带来的风险，只有大中城市才能承担产业集群的发展，依托科研院所作为科技研发与扩散的主体。随着科研院所逐步向市场化转制，原有的事业型的研发资助体系开始出现松动和弱化，导致近年来我国基础性的产业共性技术研究相对薄弱。部分行业虽然集聚了大型国有企业，但多是"大而全""小而全"的全能企业，各种经济活动和生产链条全部"内部化"了，在应对技术创新的过程中暴露出转换成本高、融合速度慢等缺陷，限制了产业的集群化。

互联网经济所具有的特性决定了"小而美""合作共赢"的模式更适应去中心化的产业结构。这就要求在市场经济体制下逐步探索产业技术发展战略的引导模式，推动产业的技术进步和发展。

我国产业集群的竞争优势主要来自低廉的劳动力和土地所带来的成本优势，规模经济、低端市场切入、引进技术、模仿和集成创新等曾在一定程度上有助于诸多本土制造业企业实现从进入到完成快速追赶，但生产活动过度集中于传统行业、过度依赖过往经验，造成大多数企业徘徊于产业链和价值链的低端，致使中国的产业集群易受上游企业和国际市场环境的影响。[②]

---

① 葛欣萍、李光全：《以创新推动特色小镇发展》，《青岛行政学院学报》，2016年第4期。
② 段浩、刘月：《互联网+产业集群构筑产业生态》，《中国工业评论》，2015年第9期。

当今世界的技术竞争已不再是单个企业之间的竞争，而是逐渐发展为各种技术联盟之间的竞争，一个个集成的竞争模块围绕着产业内核心主体而形成。通过资源整合，扩大辐射面和影响力，并最终取得共同利益。要应对这种联盟竞争，很难依靠单个企业，必须以产业技术联盟来与之对抗。随着对外开放程度的扩大，发达国家通过各种手段提高对我国产业的控制力，包括专利池、知识产权封锁、技术垄断等。中国人口红利的消失，投资带来的边际报酬递减，要素低成本带来的竞争优势消失，使我国产业成长空间受到压制。[①]

我国的产业集群绝大部分还没有发展成熟，此外，还存在着一个突出的问题，就是园区产业方向和产业结构同质化现象严重。不能有效利用知识集聚的优势，缺乏核心的产品和技术，企业之间核心能力与产品是同质的，处于生产制造环节价值链低端，在利润丰厚的研发、设计以及市场营销、品牌等环节合作关系微弱。由于各种类型、各级别的园区产业结构趋同，定位模糊，导致同一地区不同园区趋向相互竞争，既造成了资源浪费，也削弱了园区间相互合作、功能互补的基础条件和可能性，制约了区域整体水平和发展潜力。这与互联网时代的研发众包、众筹、个性化定制、云制造等多样化的生产模式，细分的市场定位要求产业集群间企业的有差异化的核心能力和竞争优势，以及分工协作具备快速应变的强耦合关系，仍然有不小的差距。

二、信息经济引领产业集群发展

过去十年，信息技术对经济社会的影响比之前的50年还要显著。如今，中国正处于一个重要的历史转折点，即从工业经济向信息经济加速演变的时期，在这样一个转折期间，信息技术对产业具有根本性、长期性的影响。据麦肯锡报告显示，在GDP总额占全球70%的13个国家中，互联网创造的价值占国内生产总值的3.4%，最近五年，互联网带动国内生产总值提高了21个百分点，其中3/4是依靠传统企业的互联网转型带

---

① 丁明磊、陈宝明：《基于产业技术联盟建设国家制造业创新中心》，《中国工业评论》，2015年第9期。

动的经济发展。随着中国迈向数字化新时代，未来十几年中，互联网能促进中国GDP提高4万亿至14万亿元人民币，占2014年至2025年GDP增长总量的7%～22%，预期值中约10万亿元的差距将取决于未来中国互联网运用的速度和深度。而随着互联网时代的来临，传统的产业组织形式也必将产生深刻变革。[①]

1.互联网将改变消费模式

随着移动终端多样化的发展、智能终端如可穿戴设备的兴起，以及云计算和大数据处理能力的提高，互联网逐渐改变了消费者的个体行为习惯，这种变化传导到企业，会深刻改变企业的运作管理方式与服务模式。工业经济时代，交易伴随着消费者购买商品或服务而结束，但在"互联网+"的时代，可以说，消费者买到货品或享受完服务后，交易才开始，互联网会将消费者的消费习惯及反馈记录下来，通过大数据分析给商家反馈意见，促使商家改进商品或服务，从而呈现出一种全新的商业模式，即将体验、社交、生活服务和购物融合为一体。

2.数据和信息成为重要的生产要素

互联网本身并不能产生经济效益，只有促进流通和信息的对接拉动新消费才能产生效益，数据信息对于创造新消费的作用尤为明显，数据要素的投入带来非线性的增长。大数据发展的核心动力源自提高人类测量、记录、分析和预测世界的能力，通过数据、信息和知识的流动，加速了劳动、资金及其他原有要素的流动、共享，通过工具创新和要素融合，扩展了要素实际投入和生产效率，数据信息成为独立的要素，流动性进一步被释放出来，逐渐代替原有的稀缺资源成为经济活动的核心要素。例如集成电路、信息安全、4G移动通信、大数据与物联网、智能制造装备、新一代健康诊疗、新能源汽车、航空航天等依托新技术、新产品、新模式、新业态的"四新企业"，正在迅速发展。

[①]　段浩、刘月：《互联网+产业集群构筑产业生态》，《中国工业评论》，2015年第9期。

3.企业间的关系呈现去中心的网状结构

传统产业体系下，商业活动围绕少量最重要的数据展开，企业之间的协同是单向的、线性的、紧耦合的控制关系，处于价值链核心位置的品牌对供应链实施控制。互联网体系下，没有强制性的中心，各级单位之间彼此高度连接并具有自治特性，这种新的规则能够快速创新和进化，推动探索—发现—验证的精益创新和快速迭代。当今基本接近于零交易成本的各种新兴商业模式、新的管理协作不断出现，突破了企业的边界，形成自主组织、进化协作的方式。

随着信息技术对经济社会的改变，"互联网+"对产业集群的影响正在从渠道扩展到整个供应链，从中小企业扩展到核心大企业，从传统产业延伸到新兴产业，通过对产业价值链的重构，深刻影响着中国产业集群的发展。

案例6：义乌小商品集群从线下走向在线产业带

义乌地处浙江省中部，遍布山地，不适合农耕，小商品贸易发展迅速。义乌小商品贸易产业集群，在"互联网+"时代，实现了从品种规模壮大到商业模式创新的根本性转变。20世纪90年代，以义乌市为主体，成立了被称为"浙江中国小商品城集团"的企业联合体，义乌市作为生产和销售从生活用品到玩具、装饰品等无所不包的小商品基地，实现了迅速发展。仅义乌小商品城就聚集着7.5万家店铺，批发销售的小商品种类达到180万种，2014年的总交易额为857亿元，比2013年增长了25%左右。2015年，义乌入驻阿里巴巴在线产业带，传统产业集群和专业市场在互联网上实现映射和延伸，实现了地域性大规模买卖的直线沟通，为传统的批发市场提供了更为便捷的专属商业平台，也为制造企业通过电商渠道打开内贸市场开辟了新的渠道，被联合国冠以"世界超市"。义乌在线产业带借助电商升级和转型，为不少区域产业集群走向整合与抱团指明了方向，有利于带动我国区域产业集群的进一步发展。与义乌产业集群类似，从线下走到线上的区域还包括虎门女装、南通家纺、温州鞋帽、保定箱包、无锡茶具、深圳数码等产业集群。[①]

三、"互联网 +"产业集群的未来：产业生态的崛起

从作坊生产到大工业生产到大规模定制，再到近年兴起的个性化定制，一系列产业组织形式的演变带来了产业集群形态的巨大变迁，产业生态也在逐渐崛起。这些内外部环境的变化，威胁着市场中的强势企业的占位经营，平台型企业连接一切、网络化生产去中心化等特征表现得日益明显。随着"互联网+"时代的到来，产业集群逐渐向产业生态演进。

产业价值链运动具有三大规律：分解、融合和跨界，这也是产业集群生态化演进的核心机理。产业价值链上的不同环节——研发、设计、物流、生产、装配、财务、人力等随着专业化分工进行模块分解，其表现是围绕着核心企业出现大量的专业化企业。产业价值链进一步运动，产业融合是基于用户需求产生的价值重组，以市场需要为导向，不同价值环节或价值链再重组。产业跨界则是承载了两个以上产业的功能，产业价值链的融合程度最深，不仅企业组织发生重组，产业链上下游关系也发生重组，其结果是产业边界模糊化、商业模式重构。信息经济的深度发展为产业跨界带来了实现手段，导致产业价值链的关系横向、纵向重组，推动产业集群向产业生态演进。

1. 产业生态的特点

产业集群向产业生态演进的过程中，产业生态具有了过去产业集群所没有的五大特点。

（1）从竞争优势来看，产业集群的竞争优势建立在以成本驱动的规模经济基础上。从产业集群向产业生态演变的过程中，基于长尾效应的范围经济、生态经济模式逐渐取代规模经济。产业互联网三要素（产业生态、大数据、生产性服务业）为大型集团企业提供了战略规划的理论依据和战略设计的顶层逻辑。这个顶层逻辑的着眼点是产业生态，核心

---

① 段浩、刘月：《"互联网+产业集群"构筑产业生态》，《中国工业评论》，2015年第9期。

资产是大数据，盈利来源于生产性服务业与产业生态的水乳交融。新信息技术的应用使新增加产品的存储、营销等成本趋近于零，覆盖长尾市场，利基市场从不可行成为可行，从而发掘出新的蓝海。

以大数据为依托，把生产性服务业注入产业生态中去，也是区域经济转型升级的关键。杭州在建设生产、生活、生态融合发展的创新创业平台，培育一批高端制造业产业集群过程中，以信息技术、高端装备、新能源汽车、环保装备、高端医疗器械等为特色的小镇已初具雏形。以大数据为代表的互联网服务推进智能化、个性化、网络化等现代制造元素向特色小镇集聚，营造"大众创业、万众创新"的良好环境，助推制造业转型升级。

（2）从企业间关系来看，产业集群是垂直线性结构，产业生态是去中心的网状结构。在产业集群中，产业链上下游的企业是单向、线性、紧密耦合的关系。但是在产业生态中，企业关系表现为网状、去中心、多向化、并发、实时、协同，促进资源的高效配置和综合集成，形成创新链和产业链的互补优化。

（3）从产业边界来看，产业集群突出专业细分，产业生态更强调网络协同。产业价值链分解产生的专业细分更多是基于成本考虑，而在互联网经济时代，市场需求导向逐渐取代企业导向，通过互联网创建协同化的环境，即建立供应链网络。在此网络中，供应商、制造商、分销商和客户可动态地共享客户需求、产品设计、工艺文件、供应链计划、库存等信息。任何客户需求的变动、设计的更改，可在整个供应链的网络中快速传播，从而避免传统管理中的"牛鞭效应"。

随着"互联网+"时代科技创新的蓬勃发展，社会经济发展呈现出互通、互联的宽泛化发展趋势，更加强调大众创新创业所发挥的积极作用，这与以往紧密依靠原料、劳动力等生产要素的区域产业集群发展模式有着显著差别。由于互联网具有互通、互联的内在特性，连接的节点越多，社会网络所贡献的力量越大，每个人都有可能成为推动区域经济发展的新动力。在"互联网+"时代，社会化网络和工具让个人与群体高度链接和快速交互，使得跨时空、跨产业的互联网协作成为可能。这一方面带来了传统生产企业内部组织结构的创新，传统的产销分开向产销融合转型，客户消费转化为用户投资和用户参与。另一方面大数据推动了区域生产要素的创新布局，企业内部的"封闭性创新"逐步向社会众创的"开放性创新"转变。

（4）从产业载体来看，产业集群是有中心的空间集聚，产业生态是"宽泛化"的虚拟空间。在产业生态中，企业之间是一种宽泛、自由的连接关系，可以在全球在线组织研发、采购、制造、销售和管理。如在云栖小镇众创平台的支撑下，创业突破区域的限制，小镇创客可利用网络平台对接全球市场需求，利用小镇内完整的产业链，提供融资、技术、培训和管理咨询等服务。同样在互联网的支持下，一些创客凭借自身专有的技能，在小作坊乃至家里进行特色工艺制作，把产品远销全球各地。小镇创客，有的以小型工厂形式存在，有的则是直接从工厂转战家里的生产加工者；生产创造的产品，包括供给大企业的配套产品，也包括直接销售给消费者的定制化产品，如特色工艺品。

在互联网时代，突破地区限制、融合区域经济发展，推动和完善地区合作协调机制，是当前国家经济转型升级的内在要求。"全面接轨大上海，巩固提升'一基地四中心'功能，加强重大战略平台和重点专题领域合作，做好区域规划衔接，共同打造我国最具活力和国际竞争力的世界级城市群。加强中国（杭州）跨境电子商务综合试验区与中国（上海）自由贸易试验区合作，推动自贸区改革创新经验在杭州复制推广。"可以说，杭州大数据中心建设，在建设智慧城市、治理"城市病"，疏通和更新城市功能方面已迈出坚实一步。

为了引导各类资源要素向优势行业、优质企业集中集聚，杭州市制定了相关政策，积极引导企业开展产业转型升级。如建立新增用地指标分配与存量土地盘活绩效挂钩机制，加大"腾笼换鸟"力度，加快推进"空间换地"工程，倒逼开发区积极推进存量土地盘活。

（5）从发展绩效来看，产业集群是线性增长，产业生态可能带来非线性的爆发式增长。一般而言，在产业集群中产业与投入基本呈线性关系，产业集群的增长率连续可达到10%以上。在云计算和大数据产业广泛支撑"互联网+"应用的态势下，信息技术的增长超越了线性约束，产业呈现出指数级增长的态势。2014年，杭州市信息经济实现主营业务收入3966.9亿元；2015年上半年，实现主营业务收入2236.1亿元。这期间，信息经济增加值增幅均为同期GDP增幅的两倍以上。时隔3年之后，杭州经济增速重新站上两位数——上半年全市地区生产总值4498.75亿元，同比增长10.3%，增速列全省第一；其中23%来自"一号工程"。焕然一新的信息经济成为杭州经济发展的"台柱子"。

在云计算和大数据发展专项行动中，杭州市提出，"支持云计算、大数据基础设施建设和关键技术研发，抓好产业集聚，提升产业规模，推进阿里云、媒体云、金融云、'华三云'、'萤石云'、'中小企业服务云'等企业优势云平台和云服务的完善和应用。推进企业上云专项行动，以市场为主体推动云计算和大数据的行业应用示范。2020年，培育3～4家国际知名百亿级云计算和大数据龙头企业，200家中小型云计算和大数据服务企业，带动信息技术业新增营业收入超过1000亿元"。[①]

3."产、学、研"协同发展

随着产业分工日益细化，单个企业无法也没有必要覆盖创新链和产业链上的全部活动，以企业为核心的高新园区、科技企业孵化器、大学科技园、创业园区、高校科研院所、社会组织等不同主体，共同组成的产学研相结合的协同创新网络成为创新的新型组织结构。从国外经验来看，产业技术联盟促进了产学研结合，突破了一批产业核心关键技术，形成了一批重大战略产品和技术标准，有力地支撑了行业和区域创新发展，这对我国打造一批低成本、便利化、全要素、开放式的众创空间，推动制造业创新中心建设提供了有益的启示。

我国企业的技术创新能力还比较薄弱，单靠企业自身的能力难以满

---

① 《杭州到2025年将打造30个有世界影响力的大企业》，http://zjnews.zjol.com. cn/zjnews/hznews/201606/t20160613_1622953.shtml。

足发展的内在需求和应对外部的压力，与国内外大院名校、科研机构开展产学研资合作，在产业共性技术、关键核心技术上协同创新，解决发展中面临的技术难题成为企业的现实选择。杭州市制定的《西湖区关于加快发展信息经济的实施意见》《三年行动计划》和《西湖区智慧经济发展规划》中，坚持智慧产业化、产业智慧化方向，以云栖小镇、西溪谷、杭州云谷为主阵地，以浙江大学国家大学科技园、中国美院国家大学科技园、转塘科技经济园、西湖科技经济园（国家广告产业园）、西溪创意产业园、福地创业园和文三路电子信息街为主平台，形成"一镇两谷、六园一街、产城应用、多点辐射"的总体布局。

大学和科研机构在选择研究方向和课题时，按照市场化原则进一步认识到科研只有从产业需求中来，才能形成符合经济社会发展要求的成果。大力推广以企业为核心的委托研发、技术转让、组建联合实验室等多种合作模式，可促进科技成果产业化。

第四节　大数据推动"智慧"城市建设

智慧城市是一种综合运用现代科学技术、整合数据资源、统筹业务应用系统，增强城市规划、建设和管理的新模式，是一种新的城市管理生态系统。智慧城市综合运用以物联网、云计算、大数据和移动互联网为代表的现代信息技术和手段，通过对城市数据资源的全面感知、全面整合、全面挖掘、全面分析、全面共享和全面协同，提高城市管理和服务水平。城市"智慧化"的每一个领域无不是建立在对数据的充分开发和利用基础之上的。智慧城市的建设和健康发展，都需要基于涉及该城市各方面的大量数据的采集、整合、组织、挖掘、分析和利用，这种对大量数据的开发和利用需求与政府数据开放的趋势是契合的。[1]

2015年9月，国务院印发《促进大数据发展行动纲要》，作为一个

---

[1]　顾磊、王艺：《基于政府数据开放的智慧城市构建》，《电信科学》，2014年第11期。

时代的特征的大数据被提升为国家战略层面上的重要举措，远远超越技术层面。"得数据者得天下"，已经成为当今社会的共识。浙江省在积极打造"数据强省""云上浙江"过程中，充分借助和利用阿里云的云计算技术，大力推动大数据发展和运用，推动经济转型升级、完善社会治理、提升政府服务和管理能力，努力将浙江打造成全国大数据产业中心。

一、提高政府的行政效率

国家治理的意义已不单单是政府治理，大数据时代、互联网时代更是一种多元共治的时代。每个人、每家企业实际都是推动国家治理能力现代化的一分子。当代是共享的时代，共享、共创、共赢是时代的特征和主旋律。[①]

2015年和2016年是国内云计算政策密集出台的两年，国务院先后出台了三项与政务云密切相关的政策文件，中央网信办也发布了关于党政部门云计算安全管理的文件。政务云产业发展、行业推广、应用基础、安全管理等重要环节的宏观政策环境已经基本形成。《国务院关于加快促进信息消费扩大内需的若干意见》指出："在有条件的城市开展智慧城市试点示范建设。各试点城市要出台鼓励市场化投融资、信息系统服务外包、信息资源社会化开发利用等政策。支持公用设备设施的智能化改造升级，加快实施智能电网、智能交通、智能水务、智慧国土、智慧物流等工程。鼓励各类市场主体共同参与智慧城市建设。"[②]

大数据带来的变革是全方位的，作为具有强大变革能力的大数据，不仅引发技术革命、经济变革，更引发国家治理的变革。单纯依靠政府管理和保护数据的做法，会使政府在面对大规模而复杂的数据时应接不暇、不堪重负，而大数据战略可以通过对海量、动态、高增长、多元化、多样化数据的高速处理，快速获得有价值的信息，提高政府的公共

① 张茉楠：《大数据时代的国家治理转型》，《中国工业评论》，2016年第1期。
② 《国务院关于加快促进信息消费扩大内需的若干意见》，http://www.gov.cn/zhengce/content/2013-08/14/content_3307.htm。

决策能力。

提高数据利用率使政府角色发生转变，使国家治理结构逐步实现从国家独大的治理结构转向多元共治，从封闭性治理结构转向开放性结构，从政府配置资源模式转向市场配置资源模式，让作为基础设施的大数据和作为基础性制度的大数据同时存在。[1]李克强总理在2016年《政府工作报告》中提出了"互联网+政务服务"，要充分运用"互联网+"，让政府服务变得更"聪明"。

1.治理结构逐步由封闭性转向开放性

政府数据开放的首要目标是提供易于发现、访问和理解的数据，并使用高价值、可以机读的数据库，改善数据的利用率，进而推动政府透明化，提升行政效率。[2]在大数据、云计算、社会化媒体等全新信息技术的猛烈冲击下，原来存在于政府和公众之间的信息差、文化差、知识差、能力差正在逐步消除。

"一站式"门户需要提供各种数据及标准数据接口，方便用户下载。消除政府和公众之间的信息不对称，实现公共信息共享机制，在一定程度上破解了制度黑箱，让人民群众少跑腿、好办事、不添堵，享有更平等的机会和更大的创造空间。同时，政府数据开放门户建有数据目录中心，便于用户根据自己的需求使用数据，从而提高数据检索能力。浙江省政府在全国率先启动建设了"浙江政务服务网"，实现省、市、县三级政府的数据共享和互联互通，初步形成"云上浙江"系统平台。

政府信息是一种特殊类型的信息资源，它的数据开放使政府信息得到更为广泛和有效利用。2015年9月，浙江又率先在全国上线了"浙江政府数据开放平台"，开放了涉及68个省级部门的公共数据资源。同时，浙江还将加强对"数据强省"建设的顶层设计和政策供给，设立省政府数据管理中心，进一步加快政府数据的开放共享。通过市场"无形之手"与政府"有形之手"的共同发力，浙江成为全国云计算和大数据产业中

---

[1] 张茉楠：《大数据时代的国家治理转型》，《中国工业评论》，2016年第1期。
[2] 刘闻佳：《我国智慧城市建设现状、问题及对策研究》，2016年第27期。

心。①2015年新年伊始，杭州市委、市政府第一次会议就提出"一号工程"——"发展信息经济、推进智慧应用"。在会上，杭州一口气拿出了建设国际电子商务中心、全国云计算和大数据产业中心、全国物联网产业中心、全国互联网金融创新中心、全国智慧物流中心、全国数字内容产业中心和推进"智慧应用"等7个沉甸甸的三年行动计划，落实全市《关于加快发展信息经济的若干意见》，抢占信息经济制高点。

2017年3月7日至8日，阿里云与浙江省建德市政府相关部门一起，讨论寿昌江流域水环境监测系统方案，并为健全监测体系提出了建议。建德市政府联合阿里云整合其大数据专业能力，为寿昌江流域打造一个流域综合监测数据示范平台，成为世界银行贷款项目中的重要创新内容，从监测体系的设计、数据的平台化到数据的综合分析、可视化结果展示，更好地为流域治理提供科学决策依据。这不仅有利于评估流域保护措施的效果，同时可以长期有效地对流域水质水文情况进行分析，科学地推进流域的长期保护。

近年来，政策的支持也进一步刺激了政务云的市场增长。阿里云对政务云的关注度也相当高，它在2016年获得了阿里巴巴集团60亿元的注资，阿里云也成为阿里巴巴的战略型业务。云上贵州、公安部、海关总署、交通部、12306、中石化、国税总局、人力资源及社会保障部、中国气象局、智慧宁夏、广东政务云、江苏政务云、北京海淀政务云、河南中原云、海南南海云、甘肃政务云、四川双流政务云等党政、央企与阿里云的合作，已成为政务云应用的典范。

2.通过资源整合提高利用率

政府数据开放的另一个目标是对现有数据中心进行整合。缺乏整体性的分析处理能力会导致日常数据分析的工作重复。国务院曾公布了一则消息，全国有8.6万个政府网站，属于国务院部委的有3200家，剩下都

---

① 《李强首提"云上浙江" 浙江率先打造数据开放平台》，http://www.chinanews.com/gn/2015/10-15/7570584.shtml。

属于地方政府，但这些网站很少有放到云上的。① 因此，如何打破传统思维模式，对现有数据进行整合，提高政府数据的利用率，减少基础设施的成本，是国家进行信息建设的着眼点之一。

云计算所带来的价值优势是十分明显的。以美国为例，美国联邦政府拥有超过1100个数据中心。数据中心的电力消耗也随着服务需求的提升而持续增加。因此美国联邦政府提出了数据中心整合行动，计划将政府数据中心削减到100～200个。在我国，随着云计算的发展以及现实需要，数据整合及业务数据互通势在必行。②

"所谓政务云，说得通俗一点，就像家家户户用电用水一样，大家不用自己建个电厂、水厂，需要用了，打开开关就可以了。各个部门不用自己再建立一套系统和独立的数据中心，花大量资金用于购买硬件设施。通过统筹规划，可以把大量的应用和服务放在云端，而政府只需购买服务。"阿里云帮助浙江建设云平台，使其基础设施成本减少了52%，此外，还节省了大量的人力。原来每个厅、局级单位都有自己的机房和维护团队，现在都统一集中到省级部门，政府决策效率大幅提升了。③ 大数据逐步抑制传统科层机构的权力独断，形成科层机构共享的公共数据，推动了政府权力下放和行政体制改革。

在智慧城市的建设上，杭州市主要采取以云计算技术为支撑，以云平台建设为主体的模式来打造杭州电子政务云。2014年10月，杭州市公共信用信息平台开始上线运行，个人及法人信用状况可以通过互联网或市民卡服务网点进行查询。当前，杭州市在智能交通领域建成了国内规模最大、运行稳定的公共自行车交通系统；在智能医疗领域，城乡社区卫生服务信息系统基本建立，推行市民卡智慧医疗诊间结算系统；在智能安保领域，正在广泛使用社会治安动态监控系统、智能卡口系统、移动警务平台。

---

① 《云生态打破传统利益链，阿里云筹谋数据中国》，http://guba.eastmoney.com/。
② 顾磊、王艺：《基于政府数据开放的智慧城市构建》，《电信科学》，2014年第11期。
③ 姜红德：《杭州政务云：民生为先》，http://www.xzbu.com/。

根据计划，未来，杭州市还将成立政务数据资源共享开放专门管理机构，推进政务数据资源归集、共享、开放和应用，同时鼓励企业成立大数据运行服务公司，向社会各界提供政务大数据服务。杭州市正考虑把公共交通的信息数据开放出来，让企业开发智慧出行的产品，而不再是政府投资开发。

3.发挥市场在配置资源中的作用

大数据不仅是技术或生产力，更是生产关系的重塑。从国家经济基础到政府治理的上层建筑，大数据在全方位地改变着经济、社会，包括一些传统的经济规则，如规模经济、3E理论等。每个个体不仅是生产者、需求者、创造者，也是数据生产商和数据价值的创造者。在这种情况下，经济规律，比如共享经济、零边际成本创新理论正在改变传统的基于工业化社会的经济发展门槛，给更多人以创新、创造的机会。①

在现代信息社会中，对信息的增值利用将成为推动财富积累和文明发展的重要途径。数据共享和活化不仅是智慧城市建设的趋势，也是使城市智慧化的关键因素。特别是智慧城市需要建立完整的信息生态系统，包含信息采集、信息汇聚、信息集成、信息加工和信息消费等各个方面；其重点是推动城市范围内的数据沉淀、数据交易，带动信息消费，并构成一个完整的信息生态系统。

生态系统的最底部是传统经济及其参与者，包括个人、家庭、企业等，他们是城市数据的创造者。这些来自经济个体的数据通过两类机构被搜集和汇总：传统的数据收集者，如政府相关部门、电信运营商、金融机构；新兴的数据收集者，如互联网企业；再上层则是智慧城市的核心力量——企业级别的数据分析者、新兴创业者、个人开发者和科研机构，这里是智慧闪现的地方，包含大量的创新开发团队和中小型科技公

---

① 张茉楠：《大数据时代的国家治理转型》，《中国工业评论》，2016年第1期。

司。①政府数据开放将带动整个生态体系，产业链将带来巨大的商业机会并有效促进信息消费；第三方的信息技术企业可以对原始开放的数据进行加工和再开放，创造新的价值并带动信息消费的蓬勃发展。2014年为巴西世界杯、南京青奥会、APEC、世界互联网大会提供服务的华三通信，正从"IP领域"向"新IT基础架构"领域转型，先后成立云工程及服务研究院，加快推动智慧城市、云安全等领域的应用；作为国内信息安全领域领导企业的安恒科技，也开始将信息安全解决方案从网站延伸到移动互联网……

在营造数据市场化的开放平台的同时，在安全问题、法律问题、标准问题等方面，我国也在有条不紊地完善。自2012年开始，ITU-T、ISO/IEC、NIST、CCSA等国内外标准研制组织相继组建工作组展开大数据研究和标准化工作，对基础、技术、产品、应用等进行梳理分析，构建大数据标准体系框架。2015年以来，中央网信办组织中国电子标准化研究院作为第三方机构，分别从开发与供应链安全、系统与通信保护、维护、应急响应与灾备、审计、风险评估与持续监控等10个方面对阿里云电子政务云平台开展了安全审查。经过一年半的努力，阿里云电子政务云平台安全能力基本符合GB/T31168–2014《信息安全技术云计算服务安全能力要求》中的"增强级"要求，成为首批参与党政部门云计算服务网络安全审查的服务商。从技术标准来看，大数据相关的技术标准具有一定的工作基础，但缺乏标准化整体规划；数据分析、数据安全、数据质量管理等技术标准，数据处理平台、开放数据集、数据服务平台类新型产品和服务形态的标准较为缺乏，亟须研制。

4.加快互利智慧网络的建设②

G20峰会的召开，让全世界的目光都聚焦在杭州这座美丽的城市上，而它展现自己美好姿态的方式，则主要依靠互联网的数据传输。"当

---

① 大邑：《开放数据平台是打开"智慧城市"的钥匙》，http://www.southcn.com/jsfw/zxdt/content/2013-06/08/content_70656335_2.htm。
② 《"5G+智慧交通"助力杭州"智能亚运"》。

世界各国的来宾在G20期间汇聚杭州时，除了美丽的风景，他们一定也会对杭州的网络与智慧应用交口称赞。"在G20前夕，浙江移动工作人员倾力投入，杭州的网络速率、容量、质量显著提升，一张面向5G、满足"高速率、低时延、大带宽、多连接"的国际领先精品网络覆盖杭城，包括双流叠加、载波聚合、空分（3D-MIMO/BF MIMO）、无线云协同（CRAN）、分布式多发多收（D-MIMO）等在内的多项新技术都在不同区域得到了试点与应用。①

当前杭州市区内的移动4G网络的平均速度是35Mbps，而在一些重点区域，4G平均下载速率已达到55～57 Mbps，特别是部分核心路段，实际测试速率更达到150 Mbps，通过载波聚合+高阶调制，浙江移动4G+值速率再创新高，可以实现网络小区峰值吞吐速率从110 Mbps 提升到423 Mbps。②

对政府来说，数据开放的基本要求是可以为社会自由获取、广大公众与政府机构可以互动、API对外开放。现有的政府数据开放平台的数据采集基本都是采取分工协作、多点聚合的方式完成，跨部门、跨领域、跨地域的情况是可行的。如果将政府数据开放与智慧城市建设有机结合起来，既可以实现政府信息的高效公开和深层开发，也可以实现数据资源的便捷获取和对公众需求的有效引导，不仅能提高政府运转的效率和城市发展的智能化水平，而且将大大提升对市民的服务水平。③

二、解决城市交通拥堵问题

2014年12月31日跨年夜上海外滩陈毅广场发生严重的踩踏事故，造成36人死亡，49人受伤。踩踏事件发生的根本原因就是因为那个地方人流量太高。根据当时报道，事故发生前外滩地区人流量超过100万人，已超出该地区30万人的人流量上限。如果能够在事故发生之前或者在事

---

① 汪龙江、陈珊：《G20峰会浙江移动打造万物互联想象新空间》，《人民邮电》，2016年8月25日。
② 《杭州机场的手机上网速度　快过家庭宽带》，http://finance.ifeng.com/a/20160902/14853912_0.shtml。
③ 张茉楠：《大数据时代的国家治理转型》，《中国工业评论》，2016年第1期。

故一开始准确地预测人流量，并且在第一时间通知给周围的行人，就能在很大程度上预防悲剧的发生。

事实上，在上海踩踏事件发生之后，百度开发了预测热门城市和景点的拥挤情况等相关信息的软件。而为什么百度能做到呢？其实说起来并不复杂，因为百度能够从安装了它的App的大量用户手里得到人流量的信息，这些数据汇总之后，可以设计出一个根据人流量和时间变化的模型，根据当时人流分布预测在未来的几个小时里人流的流动情况。如果发现过多的人流涌向某一个地点，就可以发出预警。利用大数据预防踩踏事件的方法，也同样可以运用到其他类似的地方。

2016年4月，杭州成为第一个搭建数据大脑的城市，在接收到城市不同地区的数据之后，通过中心平台，向各地区发出具体的操作指令。这个城市的大脑不仅使得过去所沉淀下来的数据资料互通起来，帮助打通数据之间的脉络，而且让城市的"手"（交通指挥）和"眼"的动作协调起来。在车流量高峰期间，引导大家尽可能地选择出行的时间和使用的道路。同时，利用大数据对实时流量和未来流量做预测，调整交通信号灯的时间。

在这个"你若不堵，便是晴天"的时代，堵车早已成为城市人的普遍烦恼。杭州市主城区大约有超过120万辆机动车，当这些车辆驶向道路的时候，假如没有对道路空间和交通信号等资源进行优化，其混乱程度不可想象。因此，构造良好、顺畅的交通网络，建成现代化的智慧城市变得尤为迫切。阿里云"飞天"的云计算平台为城市公共管理提供了科技创新的基础，杭州正在利用基于"飞天"的人工智能技术，实现对城市数据的有机整合，使用人工智能技术分析对城市管理决策进行辅助。

在全国大多数城市，我们可以看到道路上方安装了许多摄像头，这些摄像头每天帮助我们搜集数以万计的数据资料。这些资料被汇总到一起，就像人类的大脑一样，当城市也有一个强大的"大脑"的时候，它会通过所了解的城市状况来做出指令，指导城市正常运转。杭州大约有八九千辆公交车、500多条线路、7000多个车站，每天要运送大约390万人次，如此大规模的交通运输需求，不规划肯定不行，而且单靠传统方法也不行，对大数据的运用，势在必行。当前杭州的公交车上装有GPS，你在站台等车的时候，站台的电子显示屏上会显示出类似"K74 600米"的字样，这就表示"K74"离你所处的这个站台还有600米的距离。可以毫不夸张地说，交通优化所迈出的一小步，不仅是城市发展的一大步，更是体现数据的社会价值的一个里程碑。道路信号灯的数据已然成为城市管理者的触角，让他们能够快速地了解道路的运行情况，并由人工智能做出管理决策建议，实时调整红绿灯时长，有效减少道路拥堵。

2015年9月，海康威视与阿里云宣布达成战略合作，共同推动云计算和大数据技术在家庭监控、个人安全生活以及平安城市建设等领域的应用。未来，摄像头、传感器等监控设备有望像人脑一样，不仅看得见、记得住，还能思考、会说话。在后台输入目标人物和车辆信息，数据库飞快运转，很快就能反馈出可疑车辆和可疑人物出现的视频场景片段。

当一个城市把企业的数据、社会公共服务的数据和政府的数据汇集为一个大脑时，当这个数据大脑可以用人工智能的方法让机器"看"那些在交警指挥中心没有机会看完的视频，这个城市大脑就会让我们彻底摆脱瞎子摸象、雾里看花式的数据使用方法，数据通过城市大脑成为城市的财富。

城市大脑的建设代表着杭州的城市管理理念，杭州要为中国和世界探索用云计算和大数据解决城市发展问题做出贡献。这是一个城市的梦想，也是杭州云栖小镇的众多企业的梦想，政府和企业一起正在认认真真、勤勤勉勉地进行思考和探索，用搭建数据网络，来解决复杂的城市交通问题。

三、车联网，开启城市交通智能化

近年来，汽车企业和互联网企业纷纷启动智能网联汽车的研发，智能化、网联化将成为汽车产业技术发展的趋势。美国影星威尔·史密斯主演的电影《我，机器人》中"坐进炫酷的智能汽车，无须动手驾驶，只说一下目的地，汽车就能自行到达"，这样的场景往往只能出现在科幻电影中。但是通过大数据为车主提供便捷、通畅行车路线的无人驾驶模式，就可能使梦想成真。当前"5G车联网"指挥中心基本完成，可实现初步调度。

2016年2月19日，阿里巴巴集团与上汽集团在杭州云栖小镇召开了一次特别的会议。双方决定4月在杭州云栖小镇发布全球首辆"互联网汽车"——荣威城市SUV。这意味着中国汽车产业的又一次重大创新和突破。

"我们发布的是一款车，而其更重要的意义在于发布了汽车新的类型——跑在互联网上的汽车"，"阿里巴巴集团组织800多名科技人员，投入数十亿元进行研发。研发有着巨大的挑战和风险，我们这是在拿命来玩。"阿里巴巴集团首席技术官王坚在云栖小镇对记者说。造"互联网汽车"，就是要打通汽车全生命周期用车需求和互联网生活圈，让用户体验到一个基于互联网的、更加便捷的移动智能化生态圈，依靠互联网将汽车从出行工具变成新一代的智能生活平台。

在王坚看来，这次合作是强强联合。上汽集团在整车集成、动力总成、新能源技术、汽车电子及架构等方面拥有自主开发能力；阿里巴巴集团拥有自主知识产权的YunOS智能操作系统，拥有中国最大的云计算平台和互联网大数据，构建了庞大的互联网内容、服务和生态圈，在电子商务、金融、地图和导航、通讯等领域拥有核心技术和服务能力。通过与上汽集团合作，把数据、互联网服务、操作系统与驾驶者、消费者、汽车硬件完美结合，通过互联网，把汽车变成新一代的智能生活平台，变成超越驾驶乐趣的消费者生活空间。[①]

"汽车和互联网之间不需要手机，当所有人在努力让手机更好地服务汽车的时候，我们的目标是让人进了车就不再需要手机。"王坚表示，互联网汽车的发布是一个里程碑，从此互联网继PC、手机之后，多了汽车这个重要的新成员，这对车企、车主和全社会都意义重大，而拥有了操作系统的汽车相当于拥有了第二个引擎，这个引擎的动力就是数据。汽

---

① 宦建新：《阿里巴巴：造一辆"跑在互联网上的汽车"》，http://www.ccidnet.com/2016/0226/10101323.shtml。

车有望成为互联网服务和智能硬件创新的重要平台。

互联网汽车属于智能汽车范畴，互联网汽车的问世让上汽和阿里巴巴都充满信心。王坚表示，互联网汽车在改善人与车交流方式的同时，将会向车与车、车与路、车与基础设施的交流方向迈进。人、车、路和基础设施的四维交互成为趋势，这也将成为无人驾驶技术研发的重要基础和平台。拥有操作系统的互联网汽车（OS'Car）将为用户带来全新的驾乘体验，地图从应用升级为桌面，支持双盲定位，在地下车库仍然可以快速定位和导航，匹配车速改变信息呈现更智能，车随路转、人车合一。语音成为车内第一交互方式，在车内利用语音交互可取代App，更加自然和安全；创造了第一个拍照汽车，可以进行自拍，车内无死角感应，车辆周边状况尽掌握，分享、拍照、记录生活瞬间。[①]

荣威RX5这款车的技术创新点在哪里？第一，混合动力模式的使用。汽车使用电池作为能源，最难的在于如何充、放电。这款车是中国唯一可以做到跑了16万公里后，电池依然能够保留80%的蓄电能力，这样的技术在当前全世界众多的汽车制造厂商中也是屈指可数的。第二，具有鲜明的互联网特色功能。除了"车载系统软件和新功能的升级迭代""高清地图精准导航""行车和用车产生的互联网应用和服务"等基础服务和基本流量外，购车的首年赠送海量流量，次年还有优惠政策，真正让用户"买得起、用得爽"。[②]

作为阿里巴巴集团具有自主知识产权的智能操作系统，不仅仅是上汽荣威可以使用，其他的汽车厂家也可以广泛使用，就像电脑Windows操作系统一样。我国的电动汽车如能植入这款操作系统和电池技术，将大大加快发展步伐。

在杭州云栖小镇会展中心，停着一辆绿色中巴车和数辆黑色SUV，这些车外表看起来跟普通车差不多，里面却暗藏玄机。登上那辆绿色中

① 《互联网汽车横空出世，马云与神秘嘉宾现场见证》，https://baijiahao.baidu.com/s?id=1568284656370759&wfr=spider&for=pc。
② 宜建新：《阿里巴巴：造一辆车"跑在互联网上的汽车"》，https://www.zhifuzi.con/。

巴车，显示屏上的座位显示着绿色和橙红色，工作人员介绍，绿色的座位表示是空位，橙红色的座位是已预订好的。市民只要打开相关App，就可以了解通勤车辆线路轨迹、状态、乘客负载情况以及站点距离时长，并选择相应的出行模式，进行约车、约座、移动支付等。

当人们登上中巴车后，只要手机号跟座位信息符合，可省去抢座之苦。如果没有预订的客人强抢了这个座位，显示器就会亮起红灯，提醒客人座位已被预订。显示座位还只是这辆中巴车的功能之一，当车辆在路上行进时，显示屏上亮起了黄灯，提示前方车距只有10米，提醒司机注意减速。在通过红绿灯路口时，中巴车显示屏上显示的是红灯剩余时间，提示可以保持当前行驶速度通过路口。[①]

为加快推进新能源汽车、电子信息、通信三大技术和产业融合发展，抢占下一代互联网和下一代汽车制造技术产业发展制高点，浙江移动联合华为公司在杭州云栖小镇核心区域打造全球最大规模LTE-V示范区，通过强化4G+网络覆盖及带宽增强、新建LTE-V网络等手段，在云栖小镇形成了较为完善的4G+智能路网通信环境，并联合上汽、西湖电子、浙大中控等企业共同开展创新试点，完成红绿灯车速引导、变道辅助和紧急刹车提醒、交叉路口碰撞避免提醒、车辆透视、公交与小车V2V互通（公交出站/公交进站/停靠上客）、人车冲突预警等八大场景调试。通过这项高可靠、低时延车联网通信解决方案，将端到端通信时间从几百毫秒缩短至几毫秒，将汽车的响应距离从米级减小至分米级，不仅安全可靠性更高，而且能节省基础设施投资。[②]

随着传感器、导航、云计算等技术的飞速发展以及智能通信和道路设施的不断完善，作为智能网联汽车终极发展阶段的无人驾驶汽车，在不远的将来一定会走进现实生活，改变现有的交通模式。在此背景下，我国需要加快制定智能网联汽车发展战略，加强相关技术的研发，从而

---

① 《5G在路上，最好的应用在未来》，http://zj.people.com.cn/n2/2018/1104/c228592-32241093.html。

② 《峰会初露5G端倪 浙江移动呈现万物互联想象空间》，http://zjnews.zjol.com.cn/zjnews/hznews/201608/t20160826_1873200.shtml。

促进我国汽车产业实现弯道超车、由大变强。"车为什么有价值，是因为有路。互联网汽车有价值，也是因为有互联网。"王坚说，"从产业的角度说，我们不是做一辆车，而是改造了传统的汽车产业，改造了中国的互联网。"[①]

第五节　大数据引领和改变生活方式

智慧经济是基于新一代信息技术应用催生的新经济、新业态。云计算、大数据、人工智能等蓬勃发展，在人工智能、虚拟现实、机器人等领域取得了一系列的成果。这些新技术、新产品、新解决方案不仅将未来呈现在我们面前，而且也改变了我们的生活方式。比如，智能物联方面，智能家居及穿戴设备全产业链解决方案和智能设备互动体验，缔造数字化的完美生活；"互联网医疗"，打造了一个智慧医疗与未来医院，基于大数据的巨大潜力，数以万计的案例提供给广大医生，为患者打造精准化、个性化的医疗解决方案。另外信用数据采集、个人支付方式等，在与云计算、大数据的紧密结合之下，全面提升人们的生活质量。

一、征信服务

大数据，麦肯锡全球研究所给出的定义是：一种规模大到在获取、存储、管理、分析方面大大超出传统数据库软件工具能力范围的数据集合，具有海量的数据规模（Volume）、快速的数据流转（Velocity）、多样的数据类型（Variety）、价值密度低（Value）这四大特征（也称4V特征）。大数据在生产经营、日常消费、商务活动等诸多领域源源不断地产生、积累、变化和发展，已经被越来越多的企业视为重要生产要素。大数据的应用为跨境电商的战略选择、营销决策、金融服务、趋势预测等带来了颠覆性变革，同时也给征信体系建设带来了新的思路，原来海量庞杂、

---

① 宜建新：《阿里巴巴将于今年4月发布全球首辆"互联网汽车"》，《科技日报》，2016年2月26日。

看似无用的数据，经过清洗、匹配、整合、挖掘，可以转换成信用数据，且信用评估的效率和准确性也得到了一定程度的提升，使得"一切数据皆信用"成为可能。新的信用风险体系具有一个颠覆性的基本思想，即一切数据皆信用，这是需要以大数据技术作为支撑的。[①] 阿里巴巴旗下的芝麻信用管理有限公司推出的芝麻信用，就是运用大数据及云计算技术挖掘用户身份特质、行为偏好、人际关系、信用历史、履约能力等信息对个人进行征信。

2015年之前，中国的个人信用评价业务一直牢牢掌握在中国人民银行的手中，但是从2015年1月5日，央行放下"一家独大"的身段，8家机构获准可以开展个人征信业务的相关准备工作。这标志着我国的征信业务进入飞跃式发展阶段，也被视为中国个人征信体系有望向商业机构开闸的信号，这批机构中就包含了蚂蚁金服旗下的芝麻信用。芝麻信用，是蚂蚁金服旗下独立的第三方征信机构，通过云计算、机器学习等技术客观呈现个人的信用状况，已经在信用卡、消费金融、融资租赁、酒店、租房、出行、婚恋、分类信息、学生服务、公共事业服务等上百个场景为用户、商户提供信用服务。

1.传统个人征信

传统个人征信的分析维度包括：

（1）个人基本数据，如年龄、性别、职业、收入、婚姻状况、工作年限、工作状况等。

（2）信贷情况，主要是信贷和信用卡相关数据。

（3）公共数据，包括税务、工商、法院、电信、水电煤气等部门的数据。

（4）个人信用报告查询记录。

由于传统征信模型主要依赖历史信贷等强相关数据的可获得性，而中国约10亿人口没有历史信贷数据，使得传统征信模型无法使用。如今

---

① 刘新海、丁伟：《大数据征信应用与启示——以美国互联网金融公司Zest Finance为例》，《清华金融评论》，2014年第10期。

随着大数据时代的到来和发展，可用于评估人们的数据越来越丰富，如电商的交易数据、社交类数据（强社交关系如何转化为信用资产）、网络行为数据等，来自互联网的数据将帮助金融机构更充分地了解客户。①

2.大数据征信

芝麻信用依据用户在互联网上的各类消费及行为数据，结合传统金融借贷信息，通过挖掘和信用表现有稳定关联的特征，发现大数据中蕴含的信用评估价值。

（1）广泛的数据来源，芝麻信用的数据来源非常广泛，包括阿里巴巴的电商数据、蚂蚁金服的互联网金融数据、公共机构及合作伙伴数据、用户上传数据等。

（2）芝麻分是怎么来的？芝麻分是芝麻信用的个人征信产品，在用户授权的情况下，把基本信息、注册信息、兴趣偏好、支付和资金、人际关系、黑名单信息、外部应用等征信对象的数据输入到五个信用维度中，包括信用历史、身份特质、履约能力、行为偏好和人际关系，每一维度代表征信对象的某一信用特征。

芝麻信用根据上述五个信用维度的数据，建立了刻画个人信用全貌的模型，基于7×24小时在线运算能力，运用机器学习算法等大数据技术，得出芝麻分。

①信用历史：过往信用账户还款记录及信用账户历史。目前这一块内容大多来自支付宝，特别是支付宝转账和用支付宝还信用卡的历史。②行为偏好：在购物、缴费、转账、理财等活动中的偏好及稳定性。比如一个人每天打游戏10小时，那么就会被认为是无所事事；如果一个人经常买纸尿裤，那这个人便被认为已为人父母，相对更有责任心。③履约能力：包括享用各类信用服务并确保及时履约，例如租车是否按时归还，水电煤气是否按时交费等。④身份特质：在使用相关服务过程中留下的足够丰富和可靠的个人基本信息，包括从公安、学历学籍、工商、

---

① 《大数据时代的互联网征信模式解读》，http:// https://www.askci.com/news/ hlw/20160605/16265825265.shtml。

法院等公共部门获得的个人资料，未来甚至可能包括根据开车习惯、敲击键盘速度等推测出的个人性格。⑤人际关系：好友的身份特征以及跟好友互动的程度。根据"物以类聚、人以群分"的理论，通过转账关系、校友关系等作为评判个人信用的依据之一。其采用的人际关系、性格特征等新型变量能否客观反映个人信用，目前还没有将社交聊天内容、点赞等纳入参考。

芝麻信用分根据当前采集的个人用户信息进行加工、整理、计算后得出，分值范围是350～950，分值越高代表信用水平越好，较高的芝麻分可以帮助个人获得更高效、更优质的服务。

（3）芝麻分能做什么？芝麻分高于600分且没有不良记录的，有机会免押金租用自行车；有机会通过阿里旅行免押金、免查房、免排队入住酒店；有机会通过蚂蚁花呗、招联金融等获得贷款。芝麻分高于650分且没有不良记录的，有机会在神州租车、一嗨租车免押金租车，线上提交免押租车订单，线下取车时，用户无须刷卡预授，流程简单。芝麻分高于700分且没有不良记录的，可以更加方便地申请新加坡签证，不用再提交资产证明、在职证明或者户口本等复杂资料。

芝麻分也给商户带来了价值。例如，某酒店将芝麻分引入其入住和退房流程决策系统，对于一定评分的客户实行免押金入住和免查房退房，从而将申请入住时间由平均3分钟缩短到45秒，将申请退房用时由平均2分钟缩短至18秒，在风险可控的前提下，有效提升了客户体验和酒店运营效率。

波士顿咨询公司认为，以芝麻信用为代表的新创生态聚合类征信机构能够在中国个人征信行业市场化发展的大潮中助力社会商业环境的信用建设。凭借其不断交叉验证提升的数据质量，以及先进的算法技术与严谨的模型验证，打造强大的个人信用洞察能力，让人与人、人与机构之间的连接更简单、更高效。[1]

---

[1] 《新创征信公司典型——芝麻信用全透视》，https://www.sohu.com/a/67211965_390895。

二、医疗服务

20年前的互联网革命，让很多人了解到互联网技术，并将其应用到了营销和生产之中，但是对众多的传统行业来说，影响并不算大。时至今日，当传统行业搭上"互联网+"的列车，却散发出无限的魅力，让人产生无穷的遐想。医疗数据是医生在对患者诊疗和治疗过程中产生的数据，包括患者基本数据、电子病历、诊疗数据、医学影像数据、医学管理、经济数据、医疗设备和仪器数据等，以患者为中心，成为医疗信息的主要来源。不断数据化的信息，在使医院数据库信息容量不断膨胀的同时，也对疾病及病人的管理、控制和医疗研究起到了积极的作用。大数据在医疗行业的应用可在以下几个方面发挥积极作用。

1.服务居民

居民健康指导服务系统，提供精准医疗、个性化健康保健指导，使居民能连续性享受在医院、社区及线上的服务。例如，提供心血管、癌症、高血压、糖尿病等慢性病干预、管理、健康预警及健康宣教（保健方案订阅、推送）；同时减少患者住院时间，减少急诊量，提高家庭护理比例和门诊医生预约量。[①]随着移动设备和移动互联网的飞速发展，便携式的可穿戴医疗设备正在普及，普通民众从而开始享受到云技术所带来的便利。个体健康信息都将可以直接连入互联网，由此实现对个人健康数据随时随地地采集，这些数据信息量具有不可估量的作用。康泰医学是一家主要从事电子医疗仪器研发、生产与销售的国内最大医疗器械厂家。他们正与阿里展开心电大数据挖掘的合作，未来可以帮助人们更方便地发现自己的健康隐患。

对于人们而言，在不久的将来体检或许不再只是"一年一度"需要完成的一项任务，通过简单的检测技术，我们就能随时获知自己的健康状况，并可采取相应的措施。而云计算与大数据的出现，使得基于数据分析的健康检测更精准、更体贴，同时也为医疗服务提供了更科学的诊

---

① 陈根：《大数据——"互联网+"医疗的基础》，http://it.sohu.com/20151119/n427042169.shtml。

断依据。

2.服务医生

包括临床决策支持，如用药分析、药品不良反应、疾病并发症、治疗效果相关性分析、抗生素应用分析或制定个性化治疗方案。

3.服务科研

包括疾病诊断与预测、提高临床试验设计的统计工具和算法、临床实验数据的分析与处理等方面，如针对重大疾病识别疾病易感基因、为极端表现人群提供最佳治疗途径。当前，华大基因互联发展中心通过借助云计算与大数据的分析，已经进行了80万例无创产前唐筛检测（唐氏综合征产前筛选检查的简称），只需抽取胳膊上的血即可检查，避免了羊膜穿刺检查或绒毛检查增加的流产风险，使无数新生儿受益。

4.服务管理机构

包括规范性用药评价、管理绩效分析；流行病、疾病等预防干预及措施评价；公众健康监测，付款（或定价）、临床路径的优化等。

5.服务公众健康

在当今医疗界，患者信息数据的保存制约着医疗行业由传统向现代的发展，以一个初具规模的医院为例，每天需要接待上万的患者前来就诊，患者的基本信息、影像信息与其他特殊诊疗信息汇集在一起，那将是非常庞大的数据。一张普通CT图像含有大约150 MB的数据，一个标准的病理图则接近5GB。如果将这些数据量乘以人口数量和平均寿命，仅一个社区医院累积的数据量就可达数万亿字节甚至数千万亿字节（PB）之多。因此，在疾病检测完毕之后，数据都会因量大而被闲置或清除。而云计算则可以低成本地存储这些数据，并进行快速处理。[①]

据悉，2016年12月，国家健康医疗大数据中心与产业园建设试点工程（福州园区）在福州长乐市挂牌。该中心的发展目标是发挥福州"治未病、健康云、VR产业、医联体"四个优势，促进"健康养生、精准医

---

① 《大数据——"互联网＋"医疗的基础，五大应用场景》，https://business.sohu.com/20151120/n427246849.shtml。

疗、智慧健康、分级诊疗"四大运用，2017年底，全面建成互通共享的区域人口健康信息平台，吸引或培育50～100家健康大数据企业落户产业园。2020年底，医疗、医药、医保和健康各相关领域数据融合应用取得明显成效，带动大健康产业链发展，产业园技工贸总产值达到1000亿元。到2025年，"互联网＋智慧医疗"新经济形态基本形成，福州健康医疗大数据产业园建成泛珠三角最大的大数据中心。①

三、生活服务

1. 射频识别技术（radio frequency identification，RFID）

RFID技术作为构建物联网的关键技术近年来受到人们的关注，目前RFID技术应用很广，如图书馆、门禁系统、食品安全溯源等。很多让人连想都没想到过要在线的东西，都可能在线。每个牛奶盒子都可以装有一个RFID芯片。人们买牛奶的时候，只需扫一扫，就可以知道这盒牛奶来自何处、出厂日期、食用方法等。智能冰箱可以根据牛奶盒计算你每周消耗牛奶的数量以及剩余牛奶的数量，到一定时间会给你发个提醒：新鲜牛奶到货了。如果这还不够，当你把牛奶盒扔到垃圾桶的时候，RFID也能被感应到，也就是说连垃圾都可以在线了。

2. 虚拟现实支付（virtual reality，VR）

VR支付是蚂蚁金服F工作室研发的创新支付方式，为VR购物、直播、游戏等虚拟生活场景提供支付解决方案。在保证安全的前提下，用户不需要打断虚拟环境的沉浸式体验，即可通过触控、凝视、点头、语音等交互方式完成支付。②

在云栖大会的蚂蚁展区，我们不是一个浏览者，而是一个游览者；完全可以沉浸在购物、直播、游戏三个虚拟现实场景里，通过眼镜上的按键在虚拟场景中输入支付密码，即可完成购买、打赏主播，以及购买

---

① 《国家健康医疗大数据中心福州挂牌》，http://www.gov.cn/xinwen/2016-11/26/content_5138256.htm。
② 《全球首个VR支付亮相，这一步中国领先》，https://m.aliyun.com/yunqi/articles/61586。

游戏币。所有物品的状态都变成可"真实"体验的，你能进入商品的专卖店，看到最新上架的款式，进入试衣间试穿，跟好友窃窃私语，讨论这条衣服颜色太深，或是那个裙子款型不错。这与真实的逛街情境完全一致。而且比起在现实世界里劳神费力地逛街，网络逛街可谓不费吹灰之力。在现实中，你一天去几个商场试几十套衣服就筋疲力尽了，但在网上举手之劳之间你就能试穿上百套的衣服；在传统专卖店，你不可能把不同品牌的衣服一起搭配，但在网上，你可以随时看看在一件休闲上衣下面配上一条运动裤是什么效果。这一3D版的虚拟支付和使用支付宝一样安全、简单、便捷，200元以下的小额支付同样可以免密进行。未来，蚂蚁VR Pay还将结合更多的生物识别技术，让支付更安全。当然，当前的3D商城还存在不少问题，如加载速度慢、内部店面不多、用户操作烦琐等等，这些问题需要在以后不断地改善。①

3. 智能末端配送机器人

菜鸟网络正在实施通过智能配送机器人来解决最后一公里配送问题的计划：通过一台在陆地上行走的机器人，将包裹全自动地配送到用户的家门口。由菜鸟网络自主研发的末端配送机器人小G，不仅是中国自主研发的机器人，也是全球物流行业最先进的机器人之一。它会观察周边的复杂环境，并在系统中建立自己所看到的多维世界。走在路上，小G也能动态识别环境的变化，它不仅能识别路上的行人、车辆，还可以自己乘坐电梯，甚至它能够感知到电梯的拥挤程度，不会跟人抢电梯。②

杭州市与阿里巴巴集团战略合作包括9个方面27个项目，涉及云计算大数据及YunOS、跨境电商、电子商务、互联网金融、智能物流、智慧城市、信用杭州、重大活动和重点建设等，这些只不过是"云"为世

---

① 《试衣网：网络逛街的革命》，http://finance.sina.com.cn/leadership/mroll/20090807/16166587442.shtml。
② 《菜鸟网络发布末端配送机器人"小G"：能开电梯会让路》https://www.sohu.com/a/113193343_119737。

界带来的一部分好处而已。①

经过了数年发展，云计算市场的"钱"景开始显现。阿里巴巴发布的2016年第一季度及2016财年（2015年4月1日至2016年3月31日）业绩报告显示，2016年第一季度阿里云营收达10.66亿元，同比增长175%，2016财年收入超30亿元，增幅达138%。②在阿里巴巴的财报中，阿里云的表现非常抢眼。此前德意志银行发布的研究报告认为，中国互联网行业在云服务领域拥有极大的利润空间，阿里巴巴已经成为中国云计算市场的领先者。阿里巴巴财报的披露证实了德意志银行的观点，云计算市场正在为阿里巴巴这样的互联网巨头带来新的利润增长点，而凭借数年来在技术和市场上的积累，阿里云在中国云计算市场已经占据了重要位置。

纵观全球，中国云计算市场一直保持高速增长。尤其是"互联网+"战略的出台和落地，更是进一步推动了云计算的发展。2015年1月，国务院印发了《关于促进云计算创新发展 培育信息产业新业态的意见》，提出了云计算发展的原则、目标、任务和措施。而"中国制造2025""互联网+"行动计划也都把云计算作为基本要素优先发展。

事实上，云计算正在给全球信息和通信技术（ICT）产业带来新的机遇。亚马逊公布的2016年一季度财报显示，其营收同比增长了28.2%，达到291.3亿美元，利润为4.8亿美元。而在亚马逊所有业务中，亚马逊云计算业务——AWS对利润做出了卓越的贡献。从数据上看，AWS营收同比增长64%，达到25.6亿美元，运营利润是2015年同期的3倍以上，超过6亿美元。这意味着，如果没有AWS带来的利润贡献，那么亚马逊的整体业务在本季度仍将亏损。

阿里巴巴、亚马逊在云计算上的耕耘和收获只是全球科技巨头进军云计算市场的一个缩影。目前，包括谷歌、微软等国外科技巨头，阿里

---

① 《杭州与阿里巴巴开展9个方面27个合作项目》，http://www.hangzhou.gov.cn/art/2016/1/15/art_812262_379396.html。
② 《解读：云计算产业"钱"景》，https://yq.aliyun.com/。

巴巴、百度、腾讯等国内互联网公司，都将目光瞄准云计算市场；中国电信、中国移动、中国联通三大运营商也在企业级云服务市场拥有良好表现；同时华为、优刻得、网宿、蓝汛以及一大批初创企业也正在借云腾飞。[①]

---

① 东南：《云计算"钱"景显现》，《人民邮电》，2016年5月10日。

结　语

　　云计算、大数据、人工智能等一系列新技术，逐步融入产业创新和升级的各个环节使社会运行和生产生活方式发生了翻天覆地的变化。计算经济，或许不像第一次工业革命的蒸汽机，不像第二次工业革命的电和其后的石油，它已无处不在，无时没有，是那么清晰和具体，是那么活跃和鲜活，是那么不能缺少和具有决定性。大数据渗透于各个行业、产业，潜移默化地影响、改变着人们的生活方式，成为驱动经济发展的重要生产资料。比如，以大数据推动各产业跨界融合，既能促进传统产业转型又能催生新兴产业；以大数据洞察民生需求，能在公用事业、健康医疗、养老服务、交通旅游、质量安全等领域创造更加丰富的公共产品，让老百姓有更多的获得感；以大数据助推政府转型，通过数据的采集、整合、应用，建立"用数据说话、用数据决策、用数据管理、用数据创新"的管理机制，可提升政府治理能力。

　　改革开放以来，凭借浙江人"敢为人先、特别能创业"的精神，浙江从资源小省发展成为市场大省、经济大省。2016年2月，云栖小镇作为产业先导型城镇化的代表，在国家发改委新型城镇化与特色小镇新闻发布会上向全国做了经验介绍。回顾云栖小镇的转型历程，无论企业还是政府都透露出敢为时代先的精神、有容乃大的气度，以及不畏困难的勇气，而这，似乎也与"黑土特质"存在着某种呼应。

　　相对于其他省份而言，浙江发展大数据拥有三个优势。一是数据资源丰富。浙江信息化水平在全国排在前三位，电子商务、智能制造、智慧城市、互联网金融等产业启动早、基础好，拥有全国最大的

B2B、B2C、C2C交易平台，全国行业网站百强相当一部分在浙江，拥有4400多个实体商品交易市场，已经积累了大量的商务数据。二是应用前景广阔。当前浙江经济社会加速转型，包括城乡居民网络信息消费扩大、企业装备投资消费升级、城市公共环保与安全消费扩容、政府公共服务消费转型，这些都为大数据应用提供了市场需求。三是产业优势明显。浙江信息技术产业发达，特别是"中国软件名城"杭州，云集了阿里巴巴、网易、海康威视、华三通信等行业龙头，形成了大数据产业集聚优势。其中，以阿里云为代表的浙江云计算企业是全国云计算产业的引领者，并在公共云、交通云、媒体云、健康云、光伏云等领域初具特色优势。

云计算是杭州目前大力发展的新一代互联网技术产业，也是推进杭州"一号工程"加速度发展的重要支撑力量。在这股力量的推动下，杭州、浙江正大踏步迈向一个新的时代。发展以大数据、云计算等技术为基础的数字经济，推动不同产业之间的融合创新，催生出新的商业模式、培育新的增长点；更重要的是，传统产业要利用数字技术转型升级，颠覆过去的增长模式，焕发出新的生机。以云栖小镇等为代表的浙江特色小镇已成为经济新常态下发展的新亮点、转型升级的新标杆，成为浙江经济新的增长点。关注高端产业，是云栖小镇的特点。

如果说数据是一种生产资料，那么计算就是一种生产能力。数据本身是没有价值的，直到有一天你有足够的能力去搜集、去储存、去处理、去应用这个数据，它才能产生价值。作为一种基于互联网的计算方式，通过云计算，共享的软硬件资源和信息可以按需求提供给计算机和其他设备。正是通过互联网云计算这个基础设施，原先躲藏在事件背后和长期沉淀在那里的毫无价值的数据，变成一个个活蹦乱跳、拥有巨大价值的鲜活资源。王坚博士的比喻非常形象：就像100多年前美国西部淘金的神奇经历一样，把沙子变成金子。云计算的真正价值，是把沉寂的数据——"沙子"变成一个个经济、产业、财富的"金矿"。当前，大数据已经广泛渗透并深入应用于政府管理、工业制造、商业金融、教育科技、民生服务等经济社会各领域，成为促进生产方式、生活方式和社会管理方式创新变革的重要驱动力。

　　作为阿里云成长的摇篮，杭州势不可挡地被卷入了大数据、云计算这股时代的洪流之中，加快发展信息经济，建设智慧经济、创新之城，位居任务清单之首。在建设国家自主创新示范区的大背景下，敢为人先的杭州创客将继续带着这份互联网创新基因，同一大批致力于互联网创业的年轻人一起，延续"大众创业、万众创新"精神，努力把杭州打造成具有全球影响力的"互联网+"创新创业中心。

参考文献

［1］吴晓波、朱克力：《读懂中国制造2025》，北京：中信出版集团，2015年。

［2］［美］李杰、倪军、王安正：《从大数据到智能制造》，上海：上海交通大学出版社，2016年。

［3］王坚：《在线》，北京：中信出版集团，2016年。

［4］［美］吴军：《智能时代》，北京：中信出版集团，2016年。

［5］维克托·迈尔·舍恩伯格、肯尼思·库克耶：《大数据时代：生活、工作与思维的大变革》，周涛等，译，杭州：浙江人民出版社，2012年。

［6］Foster Provost、Tom Fawcett：*Date Science for Business*，O'Reilly Media，2013.

［7］Gavin Weightman：*The Industrial Revolutionaries*，Grove Press，2010.

［8］John R. Vacca：*Computer and Information Security Handbook*，Morgan Kaufmann，2013.

［9］［德］克劳斯·施瓦布：《第四次工业革命》，北京：中信出版集团，2016年。